中华先贤人物故事汇

夏完淳

胡　辉　著

中华书局

图书在版编目(CIP)数据

夏完淳/胡辉著. —北京:中华书局,2020.9
(中华先贤人物故事汇)
ISBN 978-7-101-14411-6

Ⅰ.夏…　Ⅱ.胡…　Ⅲ.夏完淳(1631～1647)-生平事迹
Ⅳ.K825.6

中国版本图书馆 CIP 数据核字(2020)第 028082 号

书　　名　夏完淳
著　　者　胡　辉
丛 书 名　中华先贤人物故事汇
责任编辑　李　猛　董邦冠
出版发行　中华书局
　　　　　(北京市丰台区太平桥西里 38 号　100073)
　　　　　http://www.zhbc.com.cn
　　　　　E-mail:zhbc@zhbc.com.cn
印　　刷　北京瑞古冠中印刷厂
版　　次　2020 年 9 月北京第 1 版
　　　　　2020 年 9 月北京第 1 次印刷
规　　格　开本/787×1092 毫米　1/32
　　　　　印张 5½　插页 2　字数 50 千字
印　　数　1-10000 册
国际书号　ISBN 978-7-101-14411-6
定　　价　22.00 元

出 版 说 明

孔子周游列国，创立儒家学说；张骞出使西域，开辟丝绸之路；书圣王羲之，留下了曲水流觞的佳话；诗仙李白，写下了"举头望明月，低头思故乡"的名篇；王安石为纠正时弊，推行变法；李时珍广集博采，躬亲实践，编撰医药学名著《本草纲目》……

这些杰出的历史人物，有的是在中华民族文明进程中做出过突出贡献、对后世产生过巨大影响的思想家、政治家，有的是对中华优秀传统文化的传承传播发挥过重大作用的文学家、艺术家、科学家，有的是为国家安定统一、民族融合团结和中外文化交流做出过杰出贡献的军事家、外交家……他们为中华民族的繁荣发展做出了伟大的贡献，他们的行为事迹、风范品格为当世楷模，并垂范后世。

他们是中华民族的先贤人物。他们的思想、品德、事迹，是中华优秀传统文化的结晶；他们的故事，是对中华民族的禀赋、特点和气质最生动、最鲜活的阐释；他们的名字，在五千年中华文明史上最为光彩夺目；他们为五千年中华文明史书写了最为光辉灿烂的篇章。

为了解先贤，走近先贤，我们精心组织编写了这套《中华先贤人物故事汇》丛书。以翔实可靠的史料为依据，以细腻动人的故事为载体，真实地呈现中华先贤人物的事迹、品格和精神风貌，彰显他们的贡献和功绩，以激发人们对国家民族的热爱，对中华文明、中华优秀传统文化的崇敬。

开卷有益，期待这套丛书成为你的良师益友。

目 录

导　读

　　明末清初之际，随着清军入关，一路南下，江南无数官军和义兵展开了前赴后继的抗清之战。夏完淳是那段历史中涌现的一位出类拔萃的少年英雄。

　　夏完淳生于1631年，是松江府华亭县（今上海市松江区）人，乳名端哥，原名复，字存古，号小隐，又号灵首。"五岁知《五经》，七岁能诗文"的天赋才华使他自幼便有"神童"之称。在父亲夏允彝（字彝仲）和师父陈子龙（字懋中）的熏陶下，夏完淳很早就怀有报国之志。

　　当李自成攻破北京、崇祯帝自尽之后，清军入关，中原大地生灵涂炭，年仅十四岁的夏完淳随父投军。南明弘光小朝廷的迅速覆灭也没有消磨夏完淳的斗志，尤其父亲夏允彝沉塘殉国之后，怀抱家仇国恨的夏完淳更为勇敢地投入到了抗清事业当中。

在夏完淳身上，最为充分的表现就是"有志不在年高"和视死如归的顽强意志，所以他从来不会因挫折而放弃自己的救国选择。在中国历史上，像夏完淳这样甘愿毁家筹饷、亲临战场的少年并不多见。

在时代的激变潮流中，夏完淳有志扭转乾坤，先随义军首领吴志葵攻打苏州，后随吴易的水军义师攻克海盐，一次次失败，又一次次举起义旗，与岳父钱栴（zhān）及师父陈子龙歃（shà）血为盟，发誓要恢复大明江山，直到兵败被俘。在入狱受审中，夏完淳怒骂降清的洪承畴，最后走上刑场，凛然不跪，从容就义，年仅十六岁。

夏完淳不仅为抗击清军走上战场，还以诗词歌赋的创作表达家国沦亡带来的满腔悲愤。他创作的《大哀赋》文采斐然、慷慨激昂，为悼念陈子龙创作的《细林夜哭》情词哀婉、悲壮动人，充分展示了这位天才少年的非凡才华。

可惜的是，夏完淳壮志未酬，不屈而死。尽管他十六岁的年龄令人扼腕唏嘘，但在那个时人谓之天崩地解的时代，夏完淳如流星般放射出灿烂的光华，并照耀和激励着后人。

少年之问

1

黄昏。黑云渐浓，秋风吹荡落叶，空气中充满一股苍凉之气。

时间是大明崇祯十一年（1638）秋天。

浙江省嘉善县魏塘镇钱家汇最长的一条街上，行人寥寥，临街最为高大醒目的一幢宅邸内亮起了烛火和好几盏油灯。大门上悬挂的灯笼上写着一个巨大的"钱"字。夜幕降临时，一个四十来岁的文士和一个七八岁的孩童分别乘马，来到钱宅门前勒马而定。

中年文士看了看灯笼，说声"我们到了"，然后翻身下马。那孩童也跟着从马背上跃下。

这幢宅邸的主人姓钱名栴，字彦林。在嘉善，钱家乃无人不知的书香门第。钱彦林父亲钱士晋是万历四十一年（1613）进士，叔父钱士升也是深受东林党人推崇的万历四十四年状元。钱栴幼承家学，兼之天赋才气过人，曾于崇祯六年中顺天乡试之后，随任云南巡抚的父亲前往滇南，欲一展抱负，不料，钱士晋在任上仅两年便染病而亡。

其时，北方高迎祥、张献忠率领的农民军正呈星火燎原之势。钱彦林眼见世危，崇祯皇帝虽然勤于政事，朝廷却仍然党争不断。他心感江南未经兵燹（xiǎn），索性返回故里，筑园开径，广交名士。这日晚餐之后，钱彦林在庭院里散步片刻，回转后依惯例坐入书房。

桌上已由下人铺好纸张，磨好墨汁，一支青羊毛笔搁在笔架之上。

钱彦林提起笔，将笔尖在砚台上浸入。他一边蘸（zhàn）墨，一边沉思，然后掭（tiàn）过笔锋，一声轻叹后，在纸上慢慢书写起来。

尚未写得三行小楷，房外有人轻轻敲门。

钱彦林停笔望向房门，说道："进来。"

话音一落，门随即被推开，门外站着的是钱彦林年方十岁的幼子钱默。

钱默年纪虽小，却已有"江南神童"之称，素得父亲宠爱。

钱彦林脸上微笑，搁笔说道："默儿，找爹有事吗？"

钱默脸上泛光，跨过门槛，声音兴奋地说道："爹，松江夏伯父来了。"

钱彦林闻言，又惊又喜，顿时站了起来，说道："允彝先生来了？可到家中？"

钱默答道："夏伯父刚刚进来。还有，"说到这里，钱默双眼放出光彩，续道："完淳也随夏伯父来了。"

钱彦林闻言，更是欣喜，说道："完淳也来了！好！好！即刻出去。"

钱默垂手让在一旁，让父亲先行出屋，他再关上房门，跟在父亲身后，往厅堂走去。

钱彦林尚未走得几步，就听见厅内传来自己十八岁长子钱熙的吟诵之声："《神童赋》，为妹婿夏端哥赋也。年甫六龄，善慧深浚，解经论史，妙通义致，赋以赠之。广陈喻类，言神灵之侣，思寓清英，而钟美菰（gū）乡，以表凤运，用多其引类，虽覆奢波于翰影，当亦吾所弗辞者也……"

跟在父亲身后的钱默听到哥哥的吟诵声，再也顾不得让父亲走前，快步冲进厅堂，对钱熙说道："大哥，你念这个干什么？这……这不是让夏伯父和完淳笑话？"

已闻声而至的夏允彝看着钱默，哈哈一笑，伸手摸摸钱默头顶，展颜说道："闻漱广说贤侄两年前在松江初见完淳之后，曾写下《神童赋》一篇。伯父惊喜，便让漱广吟诵一遍。贤侄果然好赋，才气比完淳可强多了，哈哈！"他笑声未歇，已见钱彦林迈步过来，当即双手一拱，上前一步说道："彦林兄，我父子来得唐突了。"

钱彦林见到夏允彝极感兴奋，紧走两步，将夏允彝双手握住，连声说道："彝仲兄不期而至，真乃蓬荜生辉啊！快快请坐。"

二人分别落座。钱默尚在埋怨长兄，钱熙笑而不理。夏允彝对钱彦林展颜道："转眼两年未见，两位贤侄都长大了，方听这赋，才气逼人，果然是后生可畏。"

钱彦林哈哈一笑，说道："彝仲兄过誉过誉。对了，兄在松江，如何得暇前来嘉善？"

夏允彝双手抱拳，朝左上方一拱，说道："允彝不是从松江而来，此次北都谒选，被命为长乐知县，前往赴任，路过嘉善，便登门叨扰了。"

钱彦林闻言大喜，说道："彝仲兄出任长乐，虽是大材小用，也可造福一方了。"他话音一落，眼睛看向夏允彝旁边的夏完淳，满是笑意。

夏完淳时年八岁，却是脸无稚气，一身青衣长袍，发髻高挽，秀目长眉，坐姿端凝。

夏允彝见钱彦林眼神，又哈哈一笑，侧头对夏完淳说道："淳儿，还不给岳父请安？"

夏完淳听到父亲之言，站起身来，缓步走到钱彦林身前，抱拳弯腰，说道："小婿给岳父大人请安。"

原来夏允彝与钱彦林年轻时便是知己之交。夏完淳出生之际，钱彦林前来道贺，二人谈得投机，索性将钱彦林年方一岁的女儿钱秦篆与襁褓中的夏完淳订下婚约，夏钱两家遂成亲家。只是夏家在松江，钱家在嘉善，距离虽不算很远，却也难得一聚。

钱彦林于两年前携钱熙、钱默兄弟前往松江，拜会夏允彝，到今天已两载没见未来女婿了，见其举止仿若大人，更是喜爱，对夏允彝笑道："数年前，松江陈继儒先生来嘉善，谈起完淳，称赞不已，说是'包身胆，过眼眉，谈精义，五岁儿'。如今完淳更是不可以八龄童视之了。"

他也不待夏允彝回答，又眼望夏完淳，微笑说道："默儿两年前见你，回家后便写下《神童赋》一篇，淳儿可是喜爱？"

夏完淳仍是站立，听钱彦林发问，便拱手说道："岳父大人言辞过誉，完淳愧不敢当。"他稍一停顿，又接下去说道："只是，今番小婿随父亲北上京都，南过黄河，沿途所见，处处民不聊生，实不敢再耽于诗文。"

夏完淳此言一出，众人均吃了一惊。

钱熙与钱默互看一眼，眼神内流露出难以置信之意。

钱彦林眼神惊讶地转向夏允彝，说道："彝仲兄教子有方，委实令人佩服。淳儿小小年纪便胸怀大志，前途不可限量，不可限量啊。"

夏完淳闻言，又是深深一揖，说道："岳父大人言重。小婿只是亲见时局动荡，饥民遍起，关外鞑子虎视眈眈，难免心忧，倒教岳父大人见笑了。"

钱彦林不由站起，走到夏完淳面前，拍拍他肩膀，惊喜说道："怎么会呢！钱某有婿如此，夫复何求啊！"

夏完淳抬头凝视钱彦林，缓缓说道："小婿斗胆，今日世局如此，敢问岳父大人所重何事？所读何书？"

无人料到，年幼的夏完淳居然会问出这句话来。

钱彦林不由怔住。

夏允彝喝道:"淳儿! 说话岂可没有上下?"

钱彦林摆摆手,对夏允彝说道:"彝仲兄切勿怪罪。今日见完淳如此大义,我高兴还来不及。正想告知彝仲兄,自上月始,我一直在撰写《城守筹略》一书,尚未毕稿,彝仲兄在此,正好指点一二。"他又看向夏完淳,微笑道:"淳儿也来看看。"

一直神情端凝的夏完淳听到岳父所撰书名,脸上闪过一抹喜色,当下再次拱手,弯腰答道:"小婿遵命。"

夏允彝闻言也是一振。当下钱熙与钱默两兄弟前面引路,钱彦林、夏允彝和夏完淳三人一起,径往钱彦林书房走去。

3

当夜不知何时下起雨来,直至第二日清晨也未停下。

夏允彝和夏完淳在钱宅与钱彦林父子告别。

钱彦林一再挽留夏允彝父子多住些时日,夏允彝坚持启程。

　　看着夏允彝父子在细雨中披蓑戴笠，乘马远去，钱彦林叹息一声，对两个儿子说道："你们夏伯父乃当今大才，'几社'良柱，此去长乐，必有作为。只是料不到完淳如此年龄，就能指出我《城守筹略》中的疏漏，真不愧'神童'二字。"

　　钱宅大门关上，风雨陡然大作，街上再看不到一个人影。

告别后，夏允彝父子在细雨中披蓑戴笠，乘马远去。

京师沦陷

1

　　光阴易过，时间转眼到了崇祯十七年（1644）三月，正是江南草长、群莺乱飞的时节。

　　松江境内的机山之上，一个三十多岁的书生与一个十三四岁的少年正在山头望远。这位书生便是当时大名鼎鼎的陈子龙。陈子龙与夏允彝同乡，同年考中进士。早在崇祯二年（1629），二人与志同道合的同邑杜麟徵（字仁趾）、周立勋（字勒卣）、徐孚远（字闇公）、王光承（字玠右）等人，组成"几社"，以诗文酬和，更以文章道德相互激励，俱怀一腔报国之志。

此刻站在陈子龙身边的少年正是夏完淳。他自六年前随父亲前往长乐县后，夏允彝治绩突出，吏部尚书郑三俊于崇祯十五年（1642）向朝廷推荐全国廉洁奉公、才能出众的七位知县时，将夏允彝放在第一位，竟得崇祯皇帝的亲召慰勉。不料，正当夏允彝拟被提升之时，接到了母亲死讯。夏允彝即刻从上任五年的长乐县返家守孝。夏完淳自然也随父亲回到松江。

与六年前相比，夏完淳长高不少，脸上一贯显露的沉稳之气中糅入了幼时尚无的丰神俊秀。此刻烟岚云岫，山风吹拂，陈子龙和夏完淳衣袂飘起，二人对些许寒意似是没有觉察，只远望着眼前的青山碧水。

夏完淳终于将目光看向了陈子龙，说道："师父，你这一进京赴任，徒儿真不知何时才能与师父相见。"

陈子龙继续凝视远方片刻，然后侧头看着夏完淳说道："江山盛景，处处令人留恋。北方连年动荡，为师今日前往京都，真不知前途如何。"说到此处，陈子龙不由眉头微皱，忧患之情，溢于言表。

　　夏完淳受陈子龙感染，原本和师父一块踏青的兴奋之情一扫而空，下唇紧咬。陈子龙四年前被任为绍兴推官。正月间，因平定许都有功，被提升为南京吏部文选司主事，他还未及到任，又接到迁往北京供职的部令，被授为兵科给事中。因冗事繁杂，到此刻方准备动身。临行前，陈子龙特意赶到松江，与夏允彝父子辞行，然后带着夏完淳往机山一游。

　　不论陈子龙还是夏允彝父子，都还无从得知，此刻距李自成攻克北京只差数日。陈子龙行将赴任的京城已被农民军围得犹如铁桶，从崇祯帝往下的任何一级官员，都不记得江南有人正待启程来京赴任。

　　陈子龙见夏完淳脸色伤感，知他虽然年少，却是心思缜密，行事稳重。二人名为师徒，实则惺惺相惜。陈子龙脸上微笑着说道："适才听允彝先生言道，你正月里上书四十位乡绅，欲举义勤王，真令为师刮目相看！"

　　夏完淳未因师父称赞自己而脸露喜色，反而叹息一声，说道："徒儿与杜登春联名上书，却是无一结果。眼下只知李自成西安称帝，欲率军东渡黄河，真不知京城有何应策。师父此行路远，兵荒马乱，务请多多保重。"

陈子龙心中感动，却是哈哈一笑，说道："你可知为师因何要带你来这机山？"

夏完淳眼望青翠，说道："这里是晋朝陆机和陆云兄弟的故里，师父带徒儿来此，是希望徒儿记住他们经历'八王之乱'后的从容气节。是不是这样？"

陈子龙闻言，大感欣慰，说道："正是！古人英风气节，千古流传，如今天下动荡，内乱未止，外患频生，朝廷左支右绌（chù），江南竟无一支勤王之旅，真是可悲可叹。你虽上书乡绅无果，却让为师看到江南的一丝希望。"

夏完淳听出师父言辞中蕴含的苦心，不由胸口一阵激荡，声音既慷慨又悲凉地说道："覆巢之下，岂有完卵？徒儿与杜登春向一家家乡绅上书叩问，结果要么被挡回，要么干脆连大门也不让进，徒儿实不知他们心里是何想法？今日如此危局，徒儿已然发誓，若兵火烧到江南，必与我爹散尽家财，招兵举义，便是赴汤蹈火，也在所不惜！"

夏完淳这几句话说得斩钉截铁，陈子龙暗暗称奇，手抚夏完淳肩膀，说道："完淳，你胸怀社稷，为师欣慰，只是你还太过年轻，国家要多留得像你这样的有用之身，才有重新崛起之望啊。"

夏完淳再看向陈子龙，双手握拳，说道："就怕真到了那一日，徒儿……也只能取义成仁了。"

陈子龙闻言，不觉心中一震。

师徒二人在机山上倾心交谈，始终被一股悲凉笼罩。尤其北方战况在今日究竟如何，都还无从知晓，二人谈得越深，越是感到心中有一种无处着落的忧急在弥漫。下山分别后，夏完淳独自回家，春寒渐浓，浑身阵阵发冷。

2

四月下旬的一个早晨，夏完淳一边咳嗽，一边细读岳父钱彦林撰写的《城守筹略》。这部书稿钱彦林写毕已有数年，总觉不满意。尤其钱彦林从未当过武将，更无带兵经验，书稿勉强完成，又涂涂改改，耗去数年光景，脱稿后便派人送往长乐县夏允彝手中。夏允彝因县务繁忙，未加细看，后塞入书箧（qiè），再也没取出。待他们父子回松江之后，才被夏完淳发现。

夏完淳从岳父的文字中，能感觉到钱彦林内心的激烈。这是极让夏完淳暗暗钦佩之处。刚刚读得一半，夏完淳嫡母盛氏端药进来，见夏完淳低头读书，轻声说道："淳儿，一大早就听你咳嗽，先喝完这碗药吧。"

夏完淳赶紧起身，说道："淳儿谢过母亲。"伸手接过。

药刚喝完，忽听到外面一阵急促的脚步声。

母子俩微微一怔。

这日一早，因杜麟徵从南京返回，夏允彝便出门与同仁相聚。照往常，夏允彝必携夏完淳同往，今早见儿子有些病况，便嘱咐他多加休息，然后独自出门了。家中只有夏完淳和嫡母盛氏及生母徐氏，其余下人都未出门，怎么会有人如此狂奔而入？

夏完淳刚一抬头，原本敞开的书房门外已飞跑进一个少年。

他脸色苍白，一进来就喊道："完淳，大事不好了！"

夏完淳一愣，进来的少年是与自己一起长大的杜麟徵之子杜登春。数月前，夏完淳上书乡绅举义，便是与杜登春共同以"江左少年"署的名。杜登春年长夏完淳两岁，两人俱是一腔热血的少年。

夏完淳知杜登春向来稳重，此刻见他满脸惊慌，不由站起问道："登春，出什么事了？"

杜登春脸颊发白，双眼圆睁地说道："京城上月已被李自成攻破了！"

夏完淳闻言，震惊得如闻霹雳，身子摇晃，脸色也瞬间苍白。

他还是不敢相信地追问道："登春，此事甚大，你……你从何处得知？"

杜登春胸口起伏，喘气说道："我爹连夜从南京赶回告知的，夏伯父他们不是今天聚会吗？就是因我爹回来。我一夜没睡，天快亮时迷糊了片刻，一醒来就赶紧过来告诉你。"

夏完淳嘴唇嚅动，艰难地问道："那……当今圣上……"

杜登春垂下双眼，低声说道："城破之日，圣上……在煤山自尽，已然宾天了。"

夏完淳简直不相信自己的耳朵，惊喊一句，"圣上宾天了？"

盛氏在旁，也惊得脸色苍白。

杜登春"嗯"了一声，没有再说什么。

两个少年此刻不由面面相觑，如此剧烈的变化，不是他们能够沉下心去思量的。

"走！"夏完淳总算略微平复，"我们去听听我爹的想法。"

两人正待出门，就听得外面脚步声急促，伴随一阵慌乱之声。

"我爹回来了！"夏完淳说完，拉起杜登春，二人紧步出门。

3

外面果然是夏允彝带着几社同仁进屋。

除了陈子龙，其他几人都在。

夏完淳和杜登春上前迎住众人。

一行人俱是脸色含悲。夏允彝挥手说道："我们去书房商谈。完淳、登春，你们也一起来。"

回到书房，众人再次落座。

夏完淳站在父亲身边，忧声说道："爹，如今京师沦陷，圣上宾天，这江南将会如何？"

夏允彝手捻胡须，不抬头看儿子，只望着周围一众同仁。一时无人说话，似乎夏完淳刚才的话也无人听见。

良久，夏允彝才开口说道："国不可一日无君，如今圣上驾崩，还好南京自成祖迁都之后，仍留下六部。"他抬头看向杜麟徵，续道："如今的当务之急，是先立监国，只是不知南京是何动向，仁趾兄不妨说说。"

杜麟徵一副魂不附体之状，天气尚寒，却是额头见汗。他长吁一口气后说道："我在南京听闻，眼下朝中以礼部侍郎钱谦益和兵部侍郎吕大器等人为首，群起欲立潞王朱翊（yì）镠（liú）监国，说是'立贤不立亲'，但淮抚路振飞及给事中李清、章正宸及扬州郑元勋等人以为伦序应立福王，兵部尚书史可法大人左右为难，想折中立桂王朱常瀛。"

众人闻言，不禁难言，如此朝廷大事，自不是他们几个书生能够介入。

夏完淳忽然站出说道："爹，诸位伯父，朝廷之事，本来不是我们能够左右和决定，钱大人他们想立潞王监国，完淳总觉其中似有不妥。"

夏允彝有些吃惊，抬头问道："不妥？我正想史大人眼下掌控南京，潞王若为监国，大事也必由史大人做出决策，能有何不妥？"

夏完淳长眉微皱，说道："孩儿以为，按钱大人说法，立潞王监国，乃是立贤不立亲。其实不管潞王、福王还是桂王，都是皇子皇孙，岂有非亲一说？"

夏允彝闻言一愣，说道："大明江山，本是太祖皇帝打下，今日若立监国，原本也该是皇家血脉。完淳，你究竟想说什么？"

夏完淳仍是眉头紧皱，沉思道："孩儿也不知是不是多想了，当今圣上宾天，江南自然需立监国。只是钱大人和吕大人他们都非常清楚，当年神宗先皇原本欲立福王（此福王指朱由崧之父朱常洵）为太子，正是东林人力争，才被迫传位光宗先皇。"

夏允彝吃了一惊，他陡然明白过来，手一挥，打断夏完淳之言，说道："爹明白你的意思，你是说，如果立福王为监国，钱大人他们会担心福王重翻旧案？"

夏完淳点点头，又看看众人，说道："爹说得对。所以，孩儿总觉得，钱大人他们欲立潞王为监国，未必是为江南臣民着想。孩儿早听人说过，潞王不过是精通绘画、音律和书法之人，这岂不是有南唐后主与宋徽宗的影子吗？如何负得起今日监国大任？"

众人一听，均觉夏完淳言之有理。

夏允彝站起身来，说道："不管立何人监国，允彝想亲去一趟南京，拜谒史可法大人。"

夏完淳目光坚定，说道："爹，孩儿和你一起去。"

4

从松江到南京距离不近，夏完淳随父亲走了数日方到。沿路交通极不方便，南下难民多如群蚁，京师沦陷的消息已传遍江南，恐慌气氛各处弥漫。流民中涌出无数矛盾重重又铺天盖地的消息。最令夏完淳吃惊的说法是，李自成攻占北京之后，镇守山海关的平西伯吴三桂联合清军，击败了李自成。这一消息和其他消息一样，都没有确切来源。

夏完淳听闻时不太相信。在他眼里，李自成率领的农民军正处势不可挡的武力巅峰，即便吴三桂联合关外清军，也不见得会是如日中天的李自成的对手，再者，即便李自成在山海关失利，也未必会因一次败绩而动摇根本。只是北方陷于战事，南方恐慌，自也动荡至极。没有任何人能预测大明江山的下一步走向。

夏允彝和夏完淳到达南京之后，立刻去陈子龙的兵科给事中府上。

陈子龙见夏允彝父子前来，脸上意外的喜色一掠而过，即刻被重重忧色替代。

夏允彝落座，夏完淳在父亲身后侍立。

陈子龙与夏允彝为肝胆之交，无须多问，也知夏允彝来意，便开门见山地说道："彝仲兄此来南京，必定想知道南京的现状吧？"

夏允彝点头道："正是，允彝此来，想去拜谒史可法大人。"

陈子龙闻言，举手摇了摇，说道："史大人那里，彝仲兄就不必前往了。"

看着夏允彝启唇欲问，陈子龙继续说了下去："就在昨日，子龙应守备太监韩赞周韩公公之请，前往韩府，去了方知，韩公公邀集的非止子龙一人，而是南京的六部大臣。"

夏允彝微感意外，说道："韩公公邀请众大臣前往府上，却是何意？"

陈子龙眉头微皱，说道："韩公公是接到凤阳总督马士英大人来函，给大臣们传阅。马大人信上所言，实乃江南首要大事！"

夏允彝见陈子龙说得慎重，又觉马士英乃不过外省总督，如何能惊动南京一众大臣，且信中居然是南京首要大事？夏允彝内心怀疑，却也不再发问。

陈子龙仍是续道："那马士英来信写得清清楚楚，他如今以凤阳总督之名，联合部下高杰、黄得功、刘良佐三镇总兵拥立福王。众大臣官职虽高，却手无兵权，无奈之下，都已同意福王监国了。"

夏允彝终于坐不住，起身打断道："难道那三镇总兵就不奉史大人之命？"

陈子龙叹息一声，说道："彝仲兄请想，若三镇总兵拥福王登上监国之位，他们岂不是立有'定策之功'，增强在朝中地位？"

夏完淳忽然缓缓说道："师父，也就是说，马士英马大人眼见手下三位总兵投向福王，他也就顺水推舟，想抢夺定策首功了？"

陈子龙点点头，说道："马大人转向，自然是想抢得功劳。原本服从史大人的山东总兵刘泽清大人知道自己敌不过三镇，也立刻随风转舵，支持福王。其实我们都明白，立任何人为监国，若无这护卫南京的四镇总兵支持，无异于画饼充饥，所以福王监国，乃是定局了。"

夏允彝呆了半晌，终于开口说道："依照伦

序，也该是福王监国，只要江南稳定，倒也没什么不可。"

陈子龙像是满腹心事，缓缓点头，眼睛却看向夏完淳。

夏完淳轻叹一声，说道："爹爹、师父，完淳有种不祥之感，定策之功被马大人和几位总兵大人抢去，史大人怕是会大权旁落，钱大人他们在朝中的日子也不会好过。如果朝廷不能众志成城，如何抵挡来日大难？"

陈子龙仍是缓缓点头。夏允彝沉思片刻，终于还是说道："福王国恨家仇，自己又身经颠沛流离之苦，料来会知耻后勇，振兴朝纲。待朝廷气象一新，将士努力，何愁不能收复北方？"

他站起身，对陈子龙拱手说道："监国既立，允彝也不作他想，就和完淳先回松江了。"

江南动荡

1

夏允彝父子回转松江。

一路上，夏完淳虽如陈子龙一样忧心忡忡，夏允彝倒是对福王满怀期待。

不料，夏允彝刚回松江半月，便惊骇地听到，朱由崧在五月十五日正式由监国登位称帝，改次年为弘光元年。翌日，有"定策首功"的马士英入阁主政，兼任兵部尚书；再过一日，同样有"定策之功"的四镇总兵也各自进封，黄得功封靖南侯、高杰封兴平伯、刘泽清封东平伯、刘良佐封广昌伯，就连没有参与定策的武昌左良玉也因兵多将广被封为宁南侯；又过一日，史可法上殿辞别皇帝，两天后渡江至淮阳督师。在危难时刻建立的弘光朝廷不仅闪电般挤走南都首臣史可法，还立刻大兴土木，"修兴宁宫、建慈禧殿"，弘光帝显是欲与承平时期的皇帝看齐。此外，崇祯时名列逆案被罢官的阮大铖被马士英荐举为兵部右侍郎。马士英握权之后，立即对东林党及复社展开报复，大兴党狱。刚刚建立的朝廷转眼陷入刚直群臣出走之状。

夏允彝听得这些密集之讯，独自远眺北方，不觉双眼泪流，悲声说道："今朝廷不思进取，失去人心，如何图复中原？"

眼前大江东流，没有人回答夏允彝的问题。

他刚抬袖拭泪，听得身后脚步声急促，回头一看，是夏完淳快步走来。

"爹！"夏完淳见父亲悲伤难抑，如何不知父亲心思，低声说道："朝廷来人了。"

夏允彝闻言微愣，问道："是谁来了？"

夏完淳答道："来人说是奉南京守备太监韩赞周韩公公之命，前来传旨的。"

夏允彝吃了一惊。他记得清楚，当日陈子龙所告，便是韩赞周接马士英信函后，邀请各大臣到家中传阅马士英书信，群臣才在震惊中被迫同意。

如此权重的守备太监竟然派人亲到松江传旨，委实令人难以置信。

夏允彝立刻和夏完淳回到家中。

夏家门外，已站得数十名锦衣卫。进入门内，厅堂中端坐一公公。

夏允彝躬身拱手，说道："不知公公前来寒舍，有失远迎，还请恕罪。"

来人从椅子上慢慢站起，上下打量夏允彝几眼，微微点头，说道："果然人才出众，怪不得朝中对夏大人一片赞扬之声。"

夏允彝闻言微愣，不知此言究是何意，当下拱手说道："公公过誉，下官愧不敢当。"

那公公仰天打个哈哈，尖着嗓子说道："咱家姓苏，今奉韩公公亲命，特来传旨。"

夏允彝当即跪下，喊道："臣夏允彝接旨。"

苏公公咳嗽一声，将手中圣旨展开，一字一字地念道："奉天承运，皇帝诏曰：今长乐知县夏允彝为官清廉，精明强干，特擢夏允彝为吏部考功司主事，往南京履职。钦此！"

夏允彝和一旁的夏完淳都不觉愣住，万没料到弘光朝廷会突然给夏允彝跨级升官。

夏完淳心内暗惊，却还是不动声色地看了苏公公一眼，又看向父亲。

夏允彝慢慢站起，脸上并无喜色，对苏公公拱手说道："请苏公公回复朝廷，下官尚在三年守孝期内，不敢受命。"

苏公公眉头微微一皱，然后缓声说道："夏大人，你这可是抗旨不遵哪！"

夏允彝仍是拱手，缓声说道："三年孝期，天下人人皆守，请苏公公回复。"

苏公公眉头上下一动，又咳嗽一声，对身边两个太监仰脖说道："你们先出去。"

待那两个太监出门后，苏公公看着夏允彝，一直紧绷的脸忽然松弛下来，轻声一叹，说道："咱家知你本意，夏大人是觉当今朝廷未必胜过北廷，是以拒旨不任？"

夏允彝实在不明白苏公公之言究竟是褒是贬，仍是拱手说道："苏公公，下官孝期未尽，更不敢议论朝廷。"

苏公公微微摇头，说道："明眼人面前，就不说暗话了。如今朝中直臣皆无，史可法大人外出督师，实则是交出了朝中权柄。夏大人洁身自爱，咱家钦佩，只是这朝廷，若再无夏大人这样的耿直之臣，咱家也是担心这半壁江山啊！夏大人果真不接旨吗？"

夏允彝闻言有些吃惊，不由和儿子互望一眼。

夏完淳也是惊异苏公公之言。

夏允彝躬身说道："守孝之人，请苏公公见谅。"

苏公公眉头微皱，停了片刻，叹息一声，说道："夏大人心志既决，咱家就回宫复旨了。今番天子听马士英大人之言，要以夏大人名士之声，收揽江南人心。咱家久闻夏大人之名，心仪良久，所以特请旨前来，今日一见，夏大人可得好自为之。"他又将眼睛转向夏完淳，续道："这位就是'江左少年'夏完淳喽？咱家也知你名，年纪轻轻，心系社稷，令人佩服。如今天下，乃当今圣上、闯贼和鞑子三分，你们父子乃有为之身，切

勿辜负了。咱家言尽于此，与你们该是后会无期
了。"说到后来，声音竟有凄凉之意。

说完，苏公公将手中拂尘一摆，径自大步出
门。

夏允彝父子送到门外，直到苏公公一行走远，
父子二人才眼神惊讶地互望彼此。自前朝魏忠贤
乱政，崇祯登位一扫阉党之后，世人对太监殊无好
感，所以此刻，夏允彝父子对苏公公言行均觉不可
思议。从他三言两语之间，似乎也能感知那位南
京守备太监韩赞周也大异于魏忠贤之流，只是夏
允彝不可能与其结识，对方到底怎样，终究无法得
知了。

2

乱世特征就是一日三变。

不论对弘光帝还是对南京各大臣，甚至对在外
督师的史可法而言，都没有料到全国局势会急转
直下到措手不及的程度。当平西伯吴三桂打开山海
关大门，纷涌而入的清军击败李自成亲率的十万大

军之后，登基才一日的李自成被迫放弃北京，撤回陕西。

在弹冠相庆的弘光帝及马士英等人看来，清军虽然入关，终究兵力有限，未必有图谋江南之想，如今眼见李自成不是清军对手，倒促使南京定下"借虏平寇"的消极策略。弘光帝登基未足百日，便于七月二十一日派出以南京兵部右侍郎兼右佥都御史左懋（mào）第及太子太傅陈洪范为首的使团前往北京。此行主要目的有二，第一是"谒陵，祭告先帝"，第二居然是"通谢清王，并酬谢剿寇文武劳勋"。

原本摸不清南明底细的清廷摄政王多尔衮见弘光朝卑言逊礼，看出南京意图乃偏安自保，不会发兵北上，当即在占领畿（jī）辅、接管山东之后，命英亲王阿济格和豫亲王多铎率两路大军，夹攻李自成。多铎十二月渡过黄河，短短一个月，克延安、破潼关、占西安，连战连捷。兵败如山倒的李自成不得不于1645年正月放弃陕西，进入河南，再入湖北。见根据地全失的李自成又成流动武装，多尔衮命阿济格紧追不放，力图剿灭。到二月初八，又命多铎"往定南京"。一个月后，休整已毕的多铎于三月初五率军出关，兵锋直指弘光朝廷。

3

多铎率军南下仅两个多月，五月中旬的一个下午，陈子龙单人独骑，急匆匆赶往夏允彝家中。

这段时间，夏允彝闭门谢客，在家中执笔《幸存录》，以满腔悲愤之情，决心为后世留下"国家之兴衰，贤奸之进退，虏寇之始末，兵食之源流"的始末。

陈子龙登门之际，夏允彝正与夏完淳在书房交谈，闻得陈子龙登门，父子二人立刻起身，将陈子龙迎进房内。

步入书房之后，夏允彝问道："子龙今日登门，可是有南京的确切消息？"

陈子龙脸色苍白，缓缓点头说道："南京失陷了！"

短短五字，不啻一声惊雷，将夏允彝父子震惊

陈子龙脸色苍白，缓缓说道：“南京失陷了！”

得目瞪口呆。

"南京失守了？！"

夏允彝惊道："天子现在如何？"

陈子龙已是满腔激愤，言道："天子？眼见长江天险在初九日失守，天子竟然偷偷逃出了京城！"

夏完淳不等父亲回答，已"啊"的一声惊呼，说道："上月扬州城破，史可法大人遇难，当今天子不思反击，竟然逃出京城？"

陈子龙眼望夏完淳，低沉叹息一声，说道："史大人遇难，就是江南涂炭的开始。多铎命鞑子军在扬州屠城十日，大明子民，无不目眦（zì）尽裂，如今天子出逃，南京沦陷，彝仲兄可知是谁人首树降旗？"

夏允彝已双目圆睁，右手握拳，在桌上重重一捶，一只茶杯被震得直接掉落，"啪"的一声破碎。夏允彝沉声问道："是谁？"

陈子龙恨声说道："没想到竟然是升为尚书的钱谦益钱大人！如今国难当头，堂堂的东林党魁竟然屈膝投敌。"

夏允彝父子几乎不相信自己的耳朵，二人齐声惊道："钱大人投降了鞑子？"

陈子龙缓缓点头，终于落座，又缓缓摇头说道："的确想不到，钱谦益居然会同忻城伯赵之龙、魏国公徐久爵、隆平侯张拱日、大学士王铎等三十余人大开城门，出迎于郊，将多铎请进南京。令子龙没想到的是，韩赞周公公被俘不降。真乃讽刺也！一群世受国恩的人竟然比不上一个公公！"

夏允彝父子虽痛恨弘光朝吏治腐败，却还是无法接受仅仅一年时间，南下清军就占领南京。陈子龙接着告知，清军攻克扬州前后，明朝官军投降之快，着实令人眼花缭乱，不论各处提督还是总兵，甚至升为广昌伯的刘良佐，无不争先恐后地竖起降旗，四镇总兵之一的东平侯刘泽清干脆在惊慌失措中乘船逃至海上。刚刚因父死而接替左良玉宁南侯爵位的左梦庚更是率麾下数十万明军全军投降。

"爹！"夏完淳越听越是肝胆欲裂，蓦然奋声说道："鞑子占领南京，指日便到松江，我们已刻不容缓，不如马上招兵举义！"

夏允彝和陈子龙对望一眼，又都看向满脸激

愤的夏完淳。夏允彝沉声说道："完淳说得对！懋中，自扬州城破，史大人殉难，夏某便已变卖家产，如今是到我们举义的时候了！"

陈子龙凝视夏允彝，缓缓点头。

就在此时，书房门忽然被推开，一人慢步而入，说道："彝仲兄，举义之事，可稍待数日，兄不可忘记一重要之事。"

夏允彝等人闻声而望。一见之下，三人不觉又惊又喜，进来的竟然是数年未见的钱彦林。

4

夏允彝等人惊喜交集，同时抢步上去。夏允彝伸手拉住钱彦林双手，问道："彦林兄怎么突然到松江来了？"

钱彦林笑道："我刚进来时，府上要通报，钱某不想客套，就唐突入门了，听得彝仲兄要招兵举义，闻之振奋，我们乃汉人，自不能当异族之奴，但彝仲兄是否忘了一事？"

夏允彝等人见钱彦林虽然风尘仆仆，但国事在前，哪里还顾得上客套，甚至连钱彦林如何会突来松江也没有再问，即刻落座后，夏允彝问道："彦林兄说的是何事？"

钱彦林初时微笑，是因看见故人，此刻已脸上肃然，说道："彝仲兄难道忘了吴淞口的威虏伯吴志葵将军？"

夏允彝闻言，不由站了起来，说道："真是一语惊醒梦中人！不错！如此紧要关头，我怎么没想起吴志葵将军来？"

他们说的吴志葵曾是夏允彝门生，现在吴淞口拥万余水军。

夏完淳也立刻站起说道："对啊！爹，吴将军有大军一万，我们此刻招兵，来不及训练，不如投身吴将军营中，和鞑子轰轰烈烈地大干一场！"

陈子龙手捻胡须，看着夏完淳说道："完淳，你是不是还有其他想法？"

夏完淳脸色发亮，拱手说道："师父，徒儿和我爹一样，被岳父大人一言惊醒，如今南京虽破，但也只是失去一城，我料天子应该赶赴杭州或芜湖改都，江南也会有众望之旗。我们还不可忽略，芜湖处有黄得功大人的一镇兵马，太湖亦有镇南伯黄蜚（字文麓）将军的数万官兵，沿海还有下江监军荆本彻、总兵张士仪等多处兵马。鞑子得手南京，必然分兵各向，如果这几处朝廷兵马趁鞑子立足未稳，同时突袭敌营，未尝不胜，到时收复南京，岂非指日可待之事？"

"哈哈！"陈子龙仰脖一笑，也站起说道："完淳所言，也正是为师所想。鞑子屠城甚狠，已激起天下同仇敌忾之心。"他转向夏允彝，继续说道："眼下彝仲兄可致信吴志葵将军，促其起兵，我们随后便前往军中，制定谋略，鞑子远来兵疲，未必经得起我们几路人马的突然反击！"

夏允彝慨然说道："夏某即刻致信吴将军。"

说罢，夏允彝便在书桌上铺开纸张。他刚刚提起毛笔，像忽然想起了什么，转头看着钱彦林问道："对了，彦林兄如何会在此时来松江？是否嘉善出事了？"

钱彦林肃颜说道："天下汹汹，嘉善又如何能躲开危局？我与堂弟钱棅已捐出家产，资助粮饷。我此来松江，是为完淳而来。"说罢，钱彦林望向夏完淳，脸上浮起一丝微笑。

"哦？"夏允彝搁下笔，问道："为完淳？究是何事？"

钱彦林眼光又转向夏允彝，说道："天下大势难料，不如免去一切繁文缛（rù）节，我今番带同家眷而来，是想让完淳与秦篆先行完婚，如能让夏家早日有后，我们也算在乱世完成一桩心愿。"

夏允彝闻言，心中大是感动，起身过来，又将钱彦林双手握住，一时竟说不出话来。

新婚离别

1

地处太湖平原的昆山境内河网密布。昆山亦在松江郊外，其西北脚下有一青山秀水之处，名为曹溪，俗称曹滨。天下虽在大乱，曹溪却还像与世无争般，独守一方平静。

依山傍水的一幢三层楼内，夏家家人正在四处悬挂红绸彩带。

夏允彝与钱彦林在门外流水旁散步。

二人都没有因儿女成婚在即而喜上眉梢。

凝望着潺潺流水和起伏的昆山，夏允彝心中感慨，不禁叹息一声，说道："'人世几回伤往事，山形依旧枕寒流'，这刘禹锡之句，恍如便是为今日而写。"

钱彦林沉默片刻，才说道："朝廷无人为国，只想肥私，军无斗志，唉！"

夏允彝继续凝视昆山，悲声说道："我大明江山延续二百多年，到今日如何会出如此多的叛佞！"

钱彦林皱眉说道："鞑子想收罗大明遗臣，彝仲兄今日虽避走曹溪，只怕还是会有人追来。"

夏允彝将目光转移到钱彦林身上，握拳说道："鞑子若是使强，我就把这条命交出便是！"随即又补充道："仁趾兄走了多日，也该带回升阶的信函了。"

钱彦林抬头看看远处，说道："完淳一早就到村外迎候仁趾父子，不如我们也过去看看，算时日，他们今日该是回来了。若无音讯，也可让完淳回来。"

夏允彝答声"甚好"，二人并肩沿溪而行。

尚未走到村口，便听到马蹄声响。抬头看时，两匹马迎面而来，一匹马上端坐的是杜麟徵，另一匹马为夏完淳与杜登春同乘。

他们看见夏允彝二人，即刻勒马，翻身下来。

夏允彝和钱彦林紧走几步，夏完淳和杜登春牵马过来。

夏允彝见杜麟徵脸色颇有惊慌之色，夏完淳和杜登春脸色也激愤难抑。夏允彝自然了解儿子，如此脸色，只有出了大事方会如此。

果然，杜麟徵一见夏允彝和钱彦林同时过来，仍是喘气说道："彝仲兄、彦林兄……我父子带来了不好的消息。"

夏允彝和钱彦林互望一眼。夏允彝急问道："出什么事了？难道是吴志葵将军……"

杜麟徵继续喘气，悲声说道："不是吴将军，是……是天子在芜湖被鞑子抓走了。"

"什么？！"夏允彝终于沉不住气，更加急声问道："到底是怎么回事？"

杜麟徵双眼盈泪，回道："天子仓促奔到芜湖，不料黄得功将军手下田雄、马得功竟临阵投敌，射杀黄将军，将天子献给了鞑子。"

夏允彝脸色发白。

只听杜麟徵继续说道："麟徵这次出门拜会升阶将军，听到消息不少。闻得天子被俘，在杭州的潞王开始监国，没想到，监国竟然在登位次日就想与鞑子讲和，派陈洪范前往清营，据说欲割让江南四郡……"

夏允彝等人越听越惊。

夏完淳忍不住一声沉吼："潞王要我们都做亡国之奴吗？他休想！"

夏允彝定定神，沉思道："如今世乱，什么样的消息都有，说不定这是鞑子故意设下的流言圈套，以乱我人心，这点不可不察。仁趾兄，升阶将军那里如何？"

杜麟徵听夏允彝如此解释，倒也觉得有理，当下说道："吴志葵将军有回信在此。"说完，杜麟徵伸手入怀，掏出一封信函，双手递给夏允彝。

夏允彝接过后，微一迟疑，没有即刻打开，将信收入怀中，说道："仁趾兄和登春一路颠簸，且先回房歇息。今天是完淳和秦篆的喜日，我们切不可让流言弥漫。"

2

当夜星沉斗黯，身着红袍的夏完淳走入楼上新房，看着坐在床沿的钱秦篆呆呆发愣。

钱秦篆也是身穿红衣，头上盖着红色喜帕。

夏完淳虽出生就因双方父母之约，与钱秦篆订婚，却是至今才见钱秦篆。此刻，心中不觉涌上一种奇特感受。他太了解自己，知道未来的生活不可能像寻常人一样耕作田间，守护书斋，身在乱世，他更知道自己不可能遁世而为，更不会随波逐流。但从今日开始，他将有一个妻子，这个妻子是否了解自己、是否会接受自己将带给她的命运？钱家自然是嘉善大家，他了解岳父，也了解钱熙和钱默两个舅子，唯独不了解今日与自己拜堂成亲的钱秦篆。她是丑是美倒是无关紧要，紧要的是她能否理解自己、能否承担嫁给自己后将会面对的无常命运？

夏完淳站了半晌，终于慢步过去，在钱秦篆身边坐下。

钱秦篆像是没听到任何动静，仍一动不动。

夏完淳侧过头，凝视着眼前的红盖头，迟疑片刻，还是慢慢伸手过去，将盖头揭开。

一张新月般的脸在他眼前出现。只一个瞬间，就见那张脸微微泛红，又慢慢侧过来。

四目相对。夏完淳不觉心中一动。

钱秦篆微笑低头，并不说话。

夏完淳低声说道："你……"

钱秦篆又微微侧头，说道："我怎么？"

夏完淳虽是豪情之人，对儿女私情却从未关注，平时说话滔滔不绝，此刻却是不知如何说话。他终于说道："秦篆，没想到第一次见你会是今夜。"

钱秦篆仍是微笑，低声说道："我不是第一次见到夫君。"

夏完淳倒是一愣，说道："难道我们见过？"

钱秦篆眼波流转，说道："夫君是第一次见我，可……我不是第一次见夫君。"

夏完淳惊讶起来，说道："你见过我？我……怎么一点也想不起来？"

钱秦篆仍是低声说道："七年前，公公去长乐赴任之时，不是带你来过嘉善吗？你们在说话，我在外面偷偷看见你了。"

夏完淳不觉惊讶。

只听钱秦篆继续说道："我还记得，你当时问我爹爹所重何事？所读何书？"

夏完淳一听，不觉脸上发热，说道："那时我还年少，真是问得太失礼了。"

钱秦篆收住笑，凝视着夏完淳说道："一点也不。当时我在门外，见你那样问我爹爹，我就知道，夫君会是不一样的人，也会做不一样的事。"

夏完淳心中不由温暖，伸过手去，将钱秦篆右手握住，说道："秦篆，你是说，你知道我心里在想什么？"

钱秦篆转过脸，眼望桌上燃烧的红烛，慢慢点头，说道："我懂得。其实……这几年里，我每日都在家中听爹爹说起夫君。我总是在想、在想……"

夏完淳见她声音越来越低，话也没有说完，忍不住问道："你想什么？"

钱秦篆垂首片刻，终于轻声说道："我总是在想，我……是不是配得上你。"说完，眼睛再次看向夏完淳，说道："夫君幼时就有神童之誉，如今心忧社稷，我爹爹、我爹爹总是说，夫君是一个顶天立地的大丈夫。"

夏完淳心中感动，说道："秦篆，千万别说配不配得上这样的话，我倒是担心，你嫁给我了，会不会后悔，因为……"

夏完淳没说完，钱秦篆伸手按住夏完淳嘴唇，说道："我今日嫁给你了，就是夏家的人了，夫君做什么我都会让你去做，我爹爹也打算在嘉善招兵，我只恨我不是男儿之身。夫君，我虽是女流，可我爹爹的教诲，我是时时都记得的。"

夏完淳心中涌上一股狂喜，陡然站起来，向钱秦篆躬身拱手，说道："秦篆，如今天下动荡，完淳终将是为国奔走，难得你深明大义，请受完淳一拜。"

钱秦篆立刻起身，伸手将夏完淳双肘托住，说道："夫君，能嫁给你这样的英雄志士，是我前世修来的福气，夫君不要给我行礼，我只求、只求无论将来怎样，夫君能够日日平安。"

夏完淳嘴唇一动，不知如何回答。

钱秦篆也没有去等夏完淳回答，径自说道："我知道夫君志向，如果、如果……我也不会偷生人世。"

夏完淳心中大震，将钱秦篆双手握住，说道："山河破碎，国难当头。你能懂我，完淳也不枉这一生了。"

3

夏家与钱家都是江南名士之家，两家一娶一嫁，原本应贺客盈门，却终是乱世当头，人人惶恐，前来曹溪做贺的只寥寥数位几社同仁，意外的是，陈子龙未到曹溪，只遣人送来贺礼。翌日，夏完淳夫妇起来向父母请安时，发现昨日的贺客都已走尽。

夏允彝夫妇和钱彦林夫妇在堂屋受这对新人敬茶之后，夏允彝抬头对夏完淳说道："完淳，你今已成家，便是一家之主了。"说完，他按常例交代了几句，便接着说道："昨日是你大婚之日，为父一些话不便去说，今日已然不同，你随为父来书房一下。"他转向钱彦林补充说道："亲家也请过来。"

钱彦林拱手说道："亲家，你先和完淳进房，我和秦篆有话要说，我待会再进来。"

夏允彝微微一愣，点头说道："好，我和完淳先去书房。"

父子二人到书房坐定之后，夏允彝皱眉看着夏完淳，说道："为父要说的，一半你已知道，一半尚还不知。你知道的，是如今天子被俘，潞王杭州监国，各地义军蜂起；你有所不知的，便是昨日你杜伯伯和登春带来的吴志葵将军信件。"

夏完淳急忙说道："爹，完淳昨日便想问吴将军来信是如何说法。"

夏允彝点头说道："今日为父便是要告诉你。升阶葵将军一直屯兵吴淞口，接到为父信函之后，拟率三千水军，前往泖湖。你师父陈子龙已在泖（mǎo）湖结营招兵，只等二军汇合，便可迎击鞑子。昨日志葵的来信意思很明白，他希望为父前往他军中。如今形势刻不容缓，为父即刻前往吴淞口。你在曹溪，好好孝敬你两位母亲，还有秦篆，不要慢待了。"

夏完淳不由一怔，说道："爹，你不欲完淳也一同前往？"

夏允彝叹口气，说道："你岳父大人将秦篆亲自送来，你们昨日才完婚，如何能立刻分开？于情于理，我们都不能辜负你岳父全家的厚意啊。"

夏完淳嘴唇一动，想说什么，却又说不出来。

夏允彝过来拍拍儿子肩膀，言道："抗击鞑子，是我们每个汉人的重责。待为父先去军营，过些时日再说，若需要你去，为父自会书信相召。"

"爹！"夏完淳忍不住提高声音说道："您年岁已高，孩儿岂可让爹亲冒矢石，要么我们父子一同前往，要么让孩儿前往军中，爹留在家里。"

夏允彝摇手说道："不可，升阶是爹门生，爹素知他忠义可嘉，却性格较柔，为父在他身边，可替他出些主意。别人的话，他或会不听，爹的话，他不会不从。"

"爹，"夏完淳急了，"还是孩儿去军中。"

父子方起争执，书房门被推开，钱彦林迈步走了进来，对夏允彝父子说道："亲家、完淳，你们都不要争了，如今国难当头，一日三变，依我看，还是亲家和淳儿你们都去。"

夏允彝摇摇头，说道："完淳和秦篆刚刚成婚，如何能让他们即刻分开？"

钱彦林轻叹一声，说道："我们都是明白人，如今南京被占，松江也好，曹溪也罢，只怕转眼就会被鞑子攻下，到时玉石俱焚，后悔都来不及。我刚才和秦篆说好了，她且随我先回嘉善，你们同往吴淞口，也可互相照应。清军势大，我怕吴将军万一失利，你们父子也有个退身之所。"

夏允彝闻言，不由震动。

夏完淳也是胸口热血上涌，对岳父拱手说道："岳父大人！"他只叫得一声，便感鼻尖一酸，再也说不下去。

钱彦林看看夏完淳，又看看夏允彝，沉声说道："到当机立断之时，便不可瞻前顾后，我先带秦篆回转嘉善，世事难料，亲家和淳儿都多多保重。"

夏允彝走上两步，握住钱彦林双手，眼眶发热，说道："彦林……"

夏允彝后面的话还未说出，钱秦篆已经走进门来。她走到夏允彝身前，盈盈下拜，说道："公公，篆儿刚到夏家，还没来得及照顾公公和婆婆，就要回转嘉善，请……公公原谅。"

　　夏允彝心口发酸，弯腰扶起钱秦篆，说道："篆儿，你如此通情达理，真是我夏家的好媳妇。是爹愧对你啊。"

　　钱秦篆轻声说道："是篆儿没在您身边尽孝……"她又走到夏完淳身前，仰头凝视丈夫，说道："夫君在外抗敌，生死都是瞬间，答应我，一定一定保重。"

　　说到这里，钱秦篆的眼泪忍不住夺眶而出。夏完淳也双眼模糊，紧握妻子之手，说道："你随爹回去嘉善，我答应你，等把鞑子先赶过长江，我就去嘉善见你。"

　　夏允彝和钱彦林在旁，即便二人经历颇多风雨，此刻也忍不住举袖拭泪。

苏州喋血

1

作为上海、南京的通海门户，吴淞口自朱元璋时期开始，就是沿海战略重地。清军占领南京之后，便想立刻拔掉这一还在大明手上的据点。时任吴淞口总兵的吴志葵曾被弘光帝诏令为威虏伯，统辖水军一万。吴志葵知吴淞口位置重要，无命令不敢出击，当得到清军渡江消息之后，更不敢轻举妄动。他和所有人一样，没料到南京居然会不战而降。弘光一朝崩溃之快，令人措手不及。

夏允彝和夏完淳到达吴志葵军中是离开曹溪数日后的一个傍晚。血似的夕阳在吴淞江水面动荡，战船密集，船上士卒叉腰而立。夕阳闪过矛尖，猝然一阵晃眼。

吴志葵得知夏允彝父子前来，亲率部下副总兵鲁之玙（字瑟若）及数名将领出迎。

入帐坐定之后，吴志葵欣喜说道："恩师前来，志葵就放心了。"

夏允彝摇头说道："鞑子军势逼人，近日军情，升阶可有探知？"

说到军情，吴志葵伸手在桌上一拍，恨声说道："清军现已占领了杭州！"

夏允彝脸色沉重，说道："我和完淳一路前来，也听到杭州失守的消息，生怕鞑子会扫荡吴淞，还好清军未及过来。"

吴志葵叹道："恩师是否知道，清兵进抵塘西之后，那马士英又故技重演，逃到镇江总兵郑鸿逵船上，最可恨的是陈洪范也勾结清军，到杭州后劝降天子。那天子……呸！竟然决意降清。这大好江山，眼睁睁看着被鞑子吞食。"

夏完淳站在父亲身后，忽然开口说道："天子投降，不是所有汉人投降，先帝子孙，更未必人人投降。不知吴将军是否制定了破敌之策？"

吴志葵闻言，不由脸上一热，说道："志葵一介莽夫，恩师既到，就请恩师制定谋略。"

夏允彝手捻胡须，缓缓说道："完淳，你来说说。"

夏完淳从父亲身后走出，对吴志葵拱手道："吴将军，完淳斗胆了。"然后见他长眉微展，脸现沉思，慢慢说道："江南地广，如今鞑子占了南京、扬州、苏州、杭州几个战略要点，再兼天子投降，他们未必以为我们还有出击之力。吴将军曾说已备好三千水军，欲往泖湖与我师父陈子龙汇合。依完淳之见，此乃上上之策，待我们合兵，出其不意，并力攻打苏州，这样就切断鞑子在南京与杭州之间的联系。趁南京鞑子未及调兵，我们抢先一步，飞檄（xí）其他义师，围攻杭州，只要杭州到手，南京便是一座孤城。到那时，各路义师同时进军南京，江南便恢复在望，请将军明察。"

夏完淳一番话清晰干脆，只夏允彝继续捻须点头，未觉意外，吴志葵及帐中诸将都十分震惊，没料一个十余岁的少年竟有如此谋略和远见。

吴志葵还未说话，帐中两边站立的将领中已跨步走出一人。

夏允彝父子抬头一看，见其满脸虬髯（rán），身材魁梧，腰间悬剑，却是刚才随吴志葵出迎的副总兵鲁之玙。鲁之玙走到帐中，对吴志葵拱手说道："末将听夏公子之言，实乃攻敌上策。我愿为前部前锋，攻克苏州！"

夏完淳的壮气之声已使吴志葵豪气陡升，当下便道："好！副总兵愿为先锋，必然士气高涨。我命你率部下三百先行，大军随后紧跟。明日卯时出发！"

鲁之玙双手抱拳，高声说道："末将遵令！"

他话音一落，只听夏允彝缓缓说道："完淳之言，确是好计，夏某倒是有些补充。"

吴志葵"哦"了一声，肃颜说道："恩师有话，快请说来。"

夏允彝站起身来，看了一眼帐中诸将，凝视鲁之玙说道："夺取苏州，乃陆上作战，这正是鞑子所长，鲁将军惯于水战，以己之短，攻其所长，万万不可轻敌。"他收回目光，沉吟片刻，又接着说道："适才完淳说攻下苏州，再飞檄义师，围攻杭州，此法稍有破绽。"

吴志葵脸色一怔，看了夏完淳一眼，然后说道："恩师所言破绽是……"

夏允彝走到儿子身边，手抚其肩膀，说道："清军所擅，便是铁骑长袭，他如何会让我们在攻取苏州后，再从容攻取三百里外的杭州？我军乃水军，船只赶不上快马。鞑子就算丢掉苏州，也会赶在我们到达杭州之前，入城而守，这里便是破绽。"

夏完淳点点头，拱手说道："爹爹说得有理。"

吴志葵忍不住说道："依恩师之见，该如何弥补？"

夏允彝抚须说道："战事一起，必得先机。明日大军前往泖湖，袭取苏州，此计固然可行，唯完淳所言飞檄，却是要提前来做。"

夏完淳瞬间明白父亲之意，不由脸色激动，说道："爹爹所言甚是！"

夏允彝终于脸绽微笑，说道："如今松江有沈犹龙（字云升）、李待问（字存我）义师，嘉定有侯峒曾（字豫瞻）义师，嘉兴有徐石麒（字宝摩）

义师，嘉善有完淳岳父钱彦林及钱栴（字仲驭）义师……"说到此处，夏允彝眼望夏完淳，不再说下去。

夏完淳脸上容光焕发，激动说道："爹，明日到泖湖，我们与师父一齐商议，可先定下飞檄名单，只等苏州告捷，各地义师便可同时举兵，围杭州、取南京，同时而为，鞑子难免顾此失彼，江南便可一鼓而复！"

随着夏完淳的慷慨之言落下，吴志葵及帐内诸将，忍不住鼓掌而呼："一鼓复江南！一鼓复江南！"

2

翌日卯时方至，天还未亮，鲁之玙已率三百军士驾船先行，吴志葵大军随后。夏允彝和夏完淳父子随军同行。

此刻最激动的便是夏完淳了。

他和父亲及吴志葵等几员大将都站在楼船之上，眼望头上黑云裹月，疏星寥寥，耳边江风盈耳，流水深沉，不知在哪里睡去的水鸟似被惊醒，时时唧啾。数十条大船劈波斩浪，往泖湖进发。

夏完淳双拳紧握，胸口起伏。他深知自己所献计策乃是决定江南明日命运之策。按他和父亲往吴志葵军中路上的商议，不可能有比这更好的方案了，但此计能否成功，还是丝毫容不得乐观。毕竟，清军从北往南，一路势如破竹，连身经百战的李自成也被快速击溃。清军南下之后，速度更是迅雷不及掩耳，史可法亲自镇守的扬州不到一天即被攻陷，足见清军战斗力之强，不是轻易就能打败。

自南京沦亡，夏完淳时时所想，便是亲临敌阵，此刻船队每行一程，便是与敌营接近一程，如何不感到昂扬与激愤？他回头见父亲与吴志葵将军也在眺望，楼船上诸人都默不作声。

这是大战前的沉默。

夏完淳一夜没睡，却无半分疲倦。想着将见到师父陈子龙，想着即将来临的袭取苏州之战，想着种种凶险，夏完淳感觉周身血液在激烈涌动。

一抹曙色终于出现。

时方六月中旬，早晨的清凉之气，令人精神一爽。首尾相连的数十条大船，只听得旌旗迎风，猎猎作响，军士手中刀枪耀眼。远远的水平线上，尚不刺目的太阳无声而出，阳光照在夏完淳脸上，照在夏允彝脸上，照在吴志葵脸上，照在船上的每一位将领和士卒脸上，全军铠甲被照得精芒闪烁，刀枪显得无比尖锐。

夏完淳环视军容雄壮，不禁觉得，此去攻袭苏州，大军将旗开得胜。搏杀疆场和收复国土的前景使他久久仰望长天，嘴里喃喃说道："苍天在上！你再不可辜负这千万汉人！再不可让黎民涂炭！"

远远地，迎面驶来一队船只，最大的一艘船上旗号鲜明，绣着一个巨大的"陈"字。

夏完淳远远望见，不禁心头激动，手指来船，高声喊道："爹！吴将军！我师父来了！"

夏允彝和吴志葵也早已望见，楼船上下，不禁一片欢呼。

3

进入陈子龙营帐，夏允彝父子及吴志葵又得意外之喜。听陈子龙所言，在夏允彝父子前往曹溪之时，他已安排几社徐孚远、章简留在松江，辅助沈犹龙、李待问义师，自己则以兵科给事中名义，迅速募集到一支舟师，号称振武军，与沈犹龙互为犄角。尤令夏允彝父子和吴志葵感到振奋的是，此刻在泖湖结集的军士除吴志葵的三千水军之外，还有吴易、孙兆奎指挥的吴江义师及陆世钥率领的陈湖义师赶到。三支军旅与陈子龙的振武军合并一处，夏完淳放眼望去，只觉泖湖之上，枪如林，旗如画，处处弥漫一股激昂士气。

吴易、孙兆奎、陆世钥等人闻讯已先后入帐，众人见面，都很欣喜，夏完淳更是兴奋难抑，与几个首领在地图前齐聚，商议出兵。

听完夏允彝在吴志葵军中议定的计划之后，陈子龙点头称赞，手指地图说道："彝仲兄与完淳之计，与我不谋而合。苏州鞑子不多，吴将军可率军斩胥门而入，吴易兄与世钥兄为援军随后，在下守住泖湖，等三位捷音一到，即刻飞檄各地，同时攻取杭州和南京，如此可好？"众人一听，无不赞同。

陈子龙眼望众人，续道："诸位觉得何日出兵为宜？"

坐于末座的夏完淳看看众人，起身说道："师父，各位将军，完淳以为，出兵就在今日！一则，我们三路军马汇合，鞑子不会不察，若拖延时日，只怕苏州增强守护，更难以袭取。再则，此时我军士气正盛，正所谓一鼓作气势如虎，可抵鞑子甲仗优势。"

吴志葵身后的鲁之玙接言说道："夏公子言之有理！鲁某今日便先率三百部下，直取胥门！"众人互相望望，俱觉热血贯胸。

陈子龙慨声说道："今日出兵！"

4

苏州城外的中军帐内。

吴志葵时而走到帐门之前观看，时而回到

帐内。

夏允彝说道："升阶，鲁将军骁（xiāo）勇非常，我料攻取胥门，必能成功。"

吴志葵看看夏允彝，又看看夏完淳，见他们父子镇定非常，心下稍安。吴志葵虽有报国之志，却从未与清军交过手，此刻鲁之玙率三百部下先行攻城，他不禁想起清军的种种优势。曾经手握重兵的四镇总兵都望风而降，自己这区区兵力，只怕难以招架。

身为一军之首，未胜虑败原是常态，此刻在吴志葵内心，却无端端涌上一股惧意。

终于，帐外传来一声"报——"的长呼。

帐内三人即刻往帐门移步。

一个军士急匆匆进来，单膝跪地，双手抱拳，说道："禀报将军！鲁副总兵已攻破胥门，率军入城！"

夏允彝和夏完淳都脸现惊喜。

夏允彝即刻说道："升阶，如今鲁将军已然入城，可命大军杀入城内！"

吴志葵闻报，也是脸上惊喜，闻得夏允彝之

言，手一挥，张口正待下令，忽又手停半空。只见他眉头一皱，说道："暂且挥军，鞑子素来多诈，不可不防。"

夏完淳急了，走到吴志葵身前，拱手说道："吴将军，战场瞬息万变，现鲁将军已率军入城，他手下只有三百军士，我们数千人马不可在此观望啊。"

吴志葵捏着胡须，来回踱步，挥手说道："我知瑟若兵力，但胥门如此容易攻破，只怕鞑子城内设伏，万一中计，退军都来不及。"

夏完淳不等父亲开言，再次走到吴志葵身前，急声说道："就是怕城内有伏，我们才更应大军增援，将军不可犹豫！"

吴志葵咬牙凝思片刻，抬头对报讯军士说道："再探详情！"

军士一声"得令"，转身出帐。

夏允彝和夏完淳不由面面相觑片刻，夏允彝也心中发急，对吴志葵说道："升阶，此刻如何能够耽搁？不论城内是否有伏，都该立刻挥军进入，既做增援之想，也做破伏之用，岂可犹豫？"

吴志葵左思右想，时而点头，时而又摇头，最后转身走回自己座椅坐下，皱眉道："且等军情再来，我们再做决定。"这句话令夏允彝父子心中大急。夏完淳又一次走到吴志葵身前，恳声说道："要不这样？将军拨一千人马给完淳，我且入城，亲看城内状况，不论所见如何，都前来禀报将军，以做随后应策。"

吴志葵摇摇手，说道："不行，完淳你还年幼，如何能率一千人马？"

夏完淳急切说道："将军若不放心，拨付五百人马也行，让完淳即刻动身。"

吴志葵抬头看看夏允彝，再看看夏完淳，终于还是摇头说道："且等军情再来。"

夏允彝真有点不相信自己的耳朵，忍不住提高声音说道："升阶！军情岂可犹豫？"

吴志葵见眼前这对父子轮番对己施压，心中突觉不耐，挥手说道："我已说了，等军情再来！"

夏完淳大急，喊道："将军不可啊！"

吴志葵双眼圆睁，却是不再回答。

夏允彝父子无论再说什么，吴志葵已下决心要再等军情。

父子二人轮番劝说，吴志葵却是愈发坚持。

争论了近半个时辰，又是一声"报——"传来。

还是刚才那个军士，只见他闯入帐内，已是满脸惊慌，单膝跪地说道："禀报将军……"然后便说不下去。

吴志葵立刻起身，几步走来，喝道："何事快说！"

那军士双眼盈泪，悲声说道："鲁将军在城内中伏！"

"什么？！"吴志葵睁大双眼，厉声喝道："副总兵现在何处？"

那军士终于流下泪水，泣声道："鲁副总兵全军尽覆，副总兵已经、已经头悬城门了……"

吴志葵闻言，顿时大惊失色，挥手道："你出去吧！"

军士起身待出，脸色苍白的夏允彝喊道："且慢！"

那军士闻声回头。

夏允彝问道："鞑子此刻是否出城攻击我营？"

那军士摇头道："鞑子没有出城。"

夏允彝挥手道："你出去吧，有消息再报。"

军士走后，夏允彝立刻对吴志葵说道："升阶，鲁将军虽然殉难，但如今之计，便是即刻挥军，再攻胥门！"

"再攻胥门？"吴志葵已被鲁之玙殉难的消息震得方寸大乱。

"不错！"夏完淳接过父亲话头，说道："鞑子未出城，便是鞑子军力不够，鲁将军殉难，是与城内鞑子血战而致。我料城内鞑子也损伤不少，他们不敢出城，实乃胆怯所致，如果我们即刻挥师，苏州仍可一战而下！将军下令吧！"

吴志葵咬牙沉思，走到帐门向外观看片刻，转身说道："不可、不可，恩师请看，瑟若殉难，我军锐气已折，士气不振，如何还能再攻胥门？"

夏允彝顿足道："那将军如何打算？"

吴志葵没注意夏允彝对自己的称呼也变了，

垂首半晌，艰难说道："我想，我们还是退回到船上。"

"退到船上？"夏完淳惊呼一声，立刻说道："万万不可！此刻唯一之法，便是再攻胥门，必可得胜！将军不可犹豫，更不可退回船上。"

吴志葵叹息一声，说道："我军本是水军，不惯陆战，鞑子铁骑难挡，难道我折了三百人马，还要把剩下的人马做一次赌博吗？"

"这岂是赌博？"夏完淳哪里还顾得上自己不过一少年布衣，提声说道："且不管城内鞑子究竟多少，他们胜了第一仗，未必以为我们还敢突施奇兵。此刻再攻，只有胜，绝非败！"

吴志葵来回踱步，委实难下决心，最后终于艰难说道："我且静一静。"

夏允彝和儿子看看彼此，两人脸色俱悲。

夏允彝轻叹一声，说道："完淳，我们出去，让吴将军想想清楚。"

吴志葵终于没有拔营登船。

作为援军，吴易、孙兆奎及陆世钥率领的两支义师也汇合吴志葵。得知鲁之玙殉难，众人无不悲愤。吴易、孙兆奎、陆世钥各率部下义师，分别攻打苏州各门。一连数日，始终无法攻克，更料不到的是，义师虽有士气，却终究未经训练，徒有一腔赴国难之志，真正到阵上交锋，并非清军对手。吴易、陆世钥所部损伤严重，只得转攻为守。

这日帐中商议之时，陆世钥叹气说道："我们缺少兵器，缺少马匹，和鞑子相比，对阵经验不够，如今徒仗人多，攻城不能破城，我今日……想撤军回陈湖。"

众人吃了一惊，夏允彝惊道："世钥欲回陈湖，岂不是要我等撤围？"

陆世钥"唉"了一声说道："继续攻城，几无效果，如今我们粮草不济，若是鞑子进军陈湖和吴江，我们辛苦组建的军队，难免灰飞烟灭！"

这句话直如惊雷，众人无不色变，但人人知道，陆世钥所言，真还不无道理。他们眼下主力离开各自之地，原本想数日内袭取苏州，如今苏州不克，便是未能完成计划，谁也不敢说清军会不会趁机攻取陈湖和吴江，若果真如此，这些义师将无处可去。

但曾在史可法帐前当过参军的吴易不愿回军。

眼见争论声起，夏完淳脸色苍白，一言不发，慢慢步出帐外。

走入军营，夏完淳眼中所见士卒，不仅疲累不堪，营中还弥漫一股茫然无措的气息。陈子龙虽近在泖湖，却又如何敢离开全军最后的退步之所？更何况，夏完淳已看得清楚，目前围城之旅，不是人数不够，而是缺乏真正的破城之策。

他一步步走过营帐，再远望苏州城墙，清军因人少，目前还不敢主动出击，但清军毕竟在城内，所需军需物资，一概不缺。双方僵持下去，只会对义军造成难以收拾的不利局面。

有将领过来询问："夏公子，我们下步该当如何？"

夏完淳双眼充血，却难以回答，只挥挥手，解开一匹战马，翻身而上，远望苏州城半晌，忽然脸

夏完淳双眼充血，心中痛苦，解开一匹战马，往苏州城方向驰去。

色一变，对旁边那将领说道："带一队人马，随我
往城下。"然后奋然策马，往苏州城方向驰去。那
将领茫然无措，听夏完淳之言，也立刻传下军令，
就近的三十余人各负强弓上马，随夏完淳奔往苏州
城方向。

夏完淳刚才看得真切，苏州城外隐隐人潮涌
动，看服饰乃汉族平民，不知他们缘何到了城墙之
外，便想看个究竟。

这队人马旋风般往城下奔去。

看城已近，夏完淳陡然勒马，伸臂喝道："且
住!"

他身后的三十余骑也同时勒马，各自取弓
凝望。

眼前二十余丈开外，近千名汉民哭喊惊天，乱
成一团地奔跑。

夏完淳不知发生何事，抬眼细看苏州城墙，只
叫得一声"不好"，却无论如何不敢下令靠近。只
见苏州城头隐隐站立无数清军，个个张弓搭箭，雨
点般射向城外平民。那些平民哪里能够躲闪，箭尖
穿胸透背，惨叫声不断。

夏完淳单手扣住缰绳，眼睁睁看着那些平民在自己身前数十丈之外倒毙，鲜血横流，不觉泪涌双目，喉咙里发出痛苦的狂吼声。马匹在他的暴力紧勒下，也不断抬起前蹄嘶鸣。他身边三十余名将士也个个圆睁怒目，狂吼不已。

"我们冲上去！杀光那些鞑子！"那将领大喊。

"不行，"夏完淳泪水难抑，蓦然抬腕擦泪，厉喝道，"我们回去！回去！回去！"

他悲愤欲绝的一连三声"回去"之后，转过马头，狠力抽鞭，嘴里狂呼，往营帐奔去，身旁的三十余骑也跟随其后。那些平民中箭倒地的惨叫声虽然距离不近，却如一声声惊雷，在夏完淳耳中炸响。

6

清军对平民的屠杀，激起众人之怒。吴志葵下令几路义师同时攻城，不料，清军原本就欲引义师过来，强弓硬弩，竟将冲上来的首队人马全部射毙城下。义军始终同仇敌忾，伤亡一批，又上一批。攻到黄昏，伤亡越来越多。吴志葵终于下令收军。

当夜，陆世钥来到吴志葵中军大帐，悲声说道："吴将军，我部下损失惨重，又有消息传来，鞑子将攻袭陈湖，我……不能留在这里了。"

吴志葵指挥一日，满脸灰尘未洗，见陆世钥决心已定，终于长叹道："那我们都撤回船上去吧。"当即下令，全军撤围，退回船上。

夏允彝见状，即刻上前说道："升阶！今日虽然再输一战，我在阵前看得清楚，鞑子也到了强弩之末，世钥兄，我们不可松懈。"

陆世钥叹息说道："夏先生，陆某陈湖若失，后果难料，我必须得回去了。"

他声音苍凉，也不待夏允彝回答，双手抱拳一拱，径直出帐。

紧跟着，吴易和孙兆奎也步入大帐。二人经此一役，终觉攻取苏州无望，与其在此做无望僵持，不如收军回吴江。更何况，吴易也得到讯息，目前原驻扎杭州沿海的清军已着手对各地义师进行反击，四处尽是败报，军心动荡。不论陈湖还是吴江，任何一处失守，且不说苏州难以攻下，便是吴淞口总部，也将遭涤荡之灾。

夏允彝和夏完淳此刻都难以再言留人。

吴易和孙兆奎与吴志葵道别后，又与夏允彝父子道别。吴易走到夏完淳身前，说道："夏公子虽然年少，吴某敬服你满腔热血，愿我们后会有期。"说罢，吴易拱拱手，转身出帐。夏完淳始终呆呆站立，双目中的悲愤之泪忍了又忍。夏允彝却是热泪长流，眼望吴易等人出帐，走回吴志葵面前，泣声说道："升阶，我们若是撤军，苏州便永难攻克！罢！罢！罢！你们都走吧，夏某就死在这苏州城下！"

"爹，"夏完淳的声音忽然无比冷静地传来，"孩儿与爹一起。"

吴志葵抬头看看夏允彝父子，又看看帐中诸将，见众人均是满脸悲愤，竟也陡然升起一股志气，忽然厉声喊道："好！陈湖和吴江两军撤回便撤回，老子不撤！"

7

决心一下，吴志葵即命人返回吴淞口，抽调五千水军过来支援，以堵上吴易、陆世钥部所留缺口，重新与苏州对垒。

吴志葵此番咬住决心，相持竟逾四十来日。

夏完淳在军中日益成熟和勇敢，终于披上铠甲，亲自上阵，却仍未攻下任何城门。

这一日，夏完淳再次进攻受挫，手臂中箭，被数十兵卒掩护才下战场。

回到营中之后，夏允彝和吴志葵闻讯赶来，察看伤势。

夏完淳伸出手臂，让军士以布缠臂，裹住伤口。

夏允彝急切问道："完淳，痛不痛？"

夏完淳惨然一笑，回应道："爹，这手臂之痛算什么？孩儿痛就痛在，我们该撤军了。"

夏完淳此言一出，夏允彝和吴志葵都吃了一惊。

吴志葵高声喊道："自到苏州城下，我们围城已快五十日了，完淳，你一直是不肯撤军之人，如何今日挨了一箭就要撤军？你竟是懦夫不成！"

夏完淳脸无表情，说道："吴将军，你看完淳不起吗？"

吴志葵喝道："陈湖和吴江两军走时，老子就发誓要攻下苏州！城不破，老子绝不走！"

夏完淳嘴角浮起一丝惨笑，说道："吴将军，这里是战场，将军不惧死，完淳也不惧！"

"那你为何提议撤军？"

夏完淳眼泪盈上眼眶，说道："吴将军！爹！这数十日来，完淳总奇怪一事，我们如此攻城，未见鞑子有任何增援，可我军杀敌愈多，鞑子守城之军愈众，却知为何？"

吴志葵和夏允彝不禁互望一眼，两人稍一凝思，已发现夏完淳此言不虚，不禁又同时问道："的确如此，你难道知其究竟？"

夏完淳再也忍不住，眼泪夺眶而出，然后又猛然擦泪说道："完淳今日杀到城下，亲眼所见，守城之人虽身穿鞑子军衣，剃发蓄辫，可他们身后有人刀斧相逼，可见守城士卒明明便是城内汉人！"

夏允彝和吴志葵同时吃惊道："我们在与汉人

交锋？"

夏完淳双眼紧闭，又忽地睁开，说道："不错！我们便是在与汉人交锋！鞑子何其毒也！我军未攻城之前，他们便驱赶汉民出城，在我们军前射杀，令我军因怒而躁，待我们攻势一紧，便逼城内汉人剃发，赶上城头，使得守护浩大。"

夏允彝和吴志葵不由面面相觑，知夏完淳所言不虚。

夏完淳继续悲声说道："吴将军，我们不可再攻，否则双方遭杀戮（lù）的，全是汉人子民。撤围吧，我们暂回泖湖。完淳不惧死，可完淳与众将士如何能射杀汉民？"

吴志葵与夏允彝半天说不出话来。

吴志葵眼中犹欲喷火，却终是无可奈何，低头半晌，颓然说道："既然如此，我即刻下令撤围，兵回泖湖。"

黄浦烈焰

1

陈子龙再次率船相迎。

只是这一次，与六月间的相迎大不相同。六月间相迎，尚有其他两路义师齐聚，士气如虹，如今却经数十日鏖（áo）战，换来的是损兵折将，铩（shā）羽而归。

几人走入陈子龙中军大帐，夏允彝早见陈子龙脸色沉重，显然不是仅因苏州未能攻克之故，进帐后立刻便问："懋中，我们在苏州城下多日，无暇他顾，如今江南是何情形？"

陈子龙叹息一声，说道："彝仲兄在战场不

知，今日江南，实乃天翻地覆！自潞王弃城投降，唐王（朱聿键）恰在我三路人马出军之日，得南安伯郑芝龙迎入福州监国，可当时浙江不知，群龙无首之下，急需迎立宗室，张国维、陈函辉、宋之普几位大人又拥鲁王（朱以海）出任监国了。两月之内，江南便有了两位监国。彝仲兄如何来看？"

夏允彝在军营从未好好休息过一晚，如今随军撤回，气沮人疲，此刻一听陈子龙说起江南居然出现两位监国，不禁猛吃一惊，喃喃说道："天无二日，国无二君，自古如此，如今出现两位监国，这江南臣民，该受何人指挥？"

吴志葵、夏完淳也惊讶非常。

夏完淳心神稍定，起身说道："其实无妨，浙江与福建虽是毗邻，却被鞑子分别纵兵，两处有监国，也有两处之善。同是太祖子孙，在鞑子强逼之下，未必会同室操戈。师父，我们如今兵回泖湖，不知其他义师怎样？"

夏完淳一句话将话题拉入身旁现实，陈子龙咬牙片刻，沉声说道："江南义兵，如今四处溃散！"

这十个字一出，众人吃了一惊。夏允彝坐不住了，起身说道："懋中此言可是当真？"

陈子龙缓缓摇头，说道："可恨的是，给鞑子当先锋的都是投降的大明将军！如今李成栋被鞑子任命为吴淞总兵，这贼子率军攻破嘉定，侯峒曾被他下令斩首，黄淳耀兄弟自尽，嘉定惨遭屠城，三日后，昆山县也被屠城，如今李成栋正率军攻打松江，沈犹龙不知是否抵挡得住。"

众人闻言，不觉急怒交迸。

夏允彝又惊又怒地说道："豫瞻死了？"

侯峒曾之子侯玄洵是夏允彝女儿夏淑吉丈夫，夏允彝与侯峒曾也是儿女亲家。此刻听得侯峒曾惨死，不禁怒气填胸，握拳说道："李成栋这个叛逆在攻打松江？"

"不错，"陈子龙点头道："如今黄蜚将军也从太湖退到黄浦江上，我们现在得守住黄浦。"他转头看向吴志葵，"吴将军麾下是水军，子龙以为，吴将军可去黄浦，与黄将军联营一处。鞑子势大，不可疏忽。"

吴志葵闻言，奋声说道："吴某即刻前往

黄浦！"

夏完淳虽也心伤侯峒曾之死，但知此刻不是悲伤之时，跟着起身，说道："爹，我们也随吴将军一同前往黄浦。松江距黄浦不过七十里距离，黄浦若失，吴淞口便失，我们守住黄浦方为上策。"

2

吴志葵水军赶至黄浦，镇南伯黄蜚亲自出迎。

浙江沿海一带，原本黄蜚兵势最强，水军数万，不料闻风而降的大明军实在太多，黄蜚数次接战，终于寡不敌众，弃太湖退至黄浦，扎下水寨。

他迎到吴志葵所部之后，脸色沉重地说道："威虏伯与夏先生此来，黄某需告知的是，就在昨日夜间，已接到松江城破的音讯，沈犹龙、李待问、章简都已殉难。"

李待问、章简都是几社中人，夏允彝和夏完淳连闻噩耗，不禁悲愤交集。

夏完淳走到船头，远望黄浦，浩浩江水奔流，止不住热泪欲零，嘴里喃喃说道："沈伯伯，侯伯伯，完淳一定要为你们报仇雪恨！"说罢，狠狠一拳打在船舷之上。

三日后，吴志葵、黄蜚、夏允彝、夏完淳几人在黄蜚楼船聚议。他们看得清楚，松江已失，黄浦便成前线。谈话间陡听得外面人声甚急。夏完淳刚欲看个究竟，外面已有人大喊："李成栋率鞑子船来了！"

楼船上众人立刻起身。

吴志葵毕竟是水军头领，立刻跳上大船旁备好的小舟，命军士将其送到自己的指挥楼船。黄蜚等人也即刻各司其位，传令迎击来敌。

夏完淳手握强弓，腰悬箭囊，跃身跳到一条小船上。

围绕楼船，是黄蜚部下的数十条小舟，此刻全部军士已然纵下，各自弯弓，划船迎敌。

"淳儿！"夏完淳身后一声大喊。回头一看，父亲竟然也登上了一条小船。

夏完淳内心一痛，却不多说什么。此时此刻，国土沦亡，父亲虽年近半百，却和自己一样，满腔热血，欲为千百万汉民而流。

他蓦然转过脸，直视前方，嘴里吼道："行船！"

这些小船是傍楼船之舟，每条舟上有十余军士。夏完淳年纪虽少，还不是命官，举手投足间却已生出威严，更兼明军的各条小船全部迎风而上，黄蜚在楼船上挥动进攻令旗。舟上军士答声"是"，奋力划桨。

夏完淳朝吴志葵水军看去，那边的数十条大船也全部列阵出迎。一股热血涌上夏完淳胸腔。是的，为沈犹龙、为侯峒曾、为鲁之玙、为死在各处的大明百姓与官军报仇的时刻到了！

夏完淳下令全速行船。几条接战的清军船只似乎自知不敌，飞快地往回划去。明军将士士气大振，全力追赶。夏完淳心中激愤难当，只想亲手杀敌。远远望去，忽觉诧异，只见对面的清军船队在远处好整以暇地一字排开，船上清军射出一阵阵猛烈箭雨，意图阻拦。明军也回箭射去。夏完淳只射得几箭，终于发现不妙，吴志葵水军的每条战船都极为巨大，军士从高船上射箭，优势明显。

夏完淳此刻所见，清军船只虽小，却在一字排开中封锁了出江口。清军船小，若是吴志葵大船冲上去，自然会被大船推翻，但此时明军人人看得清楚，从清军船队中，突然冲出五六十条火船，正飞快驰来。

江上狂风正盛，风头朝明军方向。夏完淳双目欲裂，大叫"不好"，那些清军火船借助风势，飞快地朝明军船只冲来。此刻明军的大船反而变成劣势。因为船大，很难止住回返。

夏完淳眼见一条火船朝自己冲来，他这条小舟也正迎上，船上水手惊慌失措，不等命令，立刻反向划桨，但刚才船只速度太快，想要即刻回航，几无可能。夏完淳眼睁睁看着火船船头上绑着明晃晃的尖刃，只要这些尖刃插入己方船只，便休想动弹。

此刻夏完淳无任何闪躲之处，左右一望，明军的无数大船已经被清军火船插中，火船上并无清军，火势弥漫，浓烟滚起，四处惨叫声起，明军船上的军士纷纷跳水逃命。夏完淳眼看冲来的火船"噗"的一声牢牢插住小舟，船上的军士纷纷跃到水中。夏完淳抬腕擦面，也不知脸上是汗水还是泪水。左右望去，整条黄浦江上，到处是起火的大明船只，连吴志葵坐镇指挥的楼船也弥漫起大火，兀自前行，燃烧着朝清军冲去。夏完淳急切间回头，父亲的船只却是不见了，此刻风势太大，烟火四处。

夏完淳拼命大喊："爹！爹！"但无论他如何发力，声音却淹没在浓烟大火及四处惨叫声中。此刻空中传来呼啸声，夏完淳抬头一看，数不清的利箭漫空而下，此时船上只剩下夏完淳一人。夏完淳再也不做多想，猛吸一口气，跃身入水，藏到船下。那阵箭雨有的射在船上，有的射入江中，夏完淳睁眼看去，无数跃到水中的明军将士纷纷中箭，江水顿时激起股股血流。夏完淳心痛如绞，等箭雨过去，奋力潜水，不知在水中游了多久。

终于疲惫了。夏完淳冒出头来，张眼望去。整条黄浦江全部被大火席卷，无一条大明战船幸免。可见的几条船上，躺卧着中箭而亡的明军将士。夏完淳知道，这一战，吴志葵和黄蜚的水军已全军覆没。

一切发生得太快，松江失陷了、嘉定失陷了、嘉兴失陷了、昆山失陷了，太湖丢了、黄浦丢了，现在连军队也覆没了，鲁之玙死了、侯峒曾死了、沈犹龙死了、李待问死了、章简死了、徐石麒死了、眼前这数千明军将士死了，吴志葵呢？黄蜚呢？不知道他们究竟怎样了，他们还活着吗？或者也已经捐躯在这条痛苦的水流上？夏完淳身在水中，看着远处一艘艘燃烧的大明船只，胸中的痛苦就如此刻找不到陆地的双脚一样，四处都是无边无际的虚空和痛苦。他喉咙里发出低沉而狂乱的吼声。

泪水、血水混合一处，整条江都已经被血染红。

父亲不见了，还有师父呢？

夏完淳想起师父，又往水下潜去，无论怎样，他得先到岸上，然后去泖湖找陈子龙。

这是他在绝境中唯一的希望。

3

夜色将临，黄浦江上的大火逐渐熄灭。

白日里惊天动地的喊杀声也已销声匿迹。

夏完淳在芦苇丛中站起，迅速往泖湖方向寻去。

令他无比惊异的是，泖湖上原本驻扎着陈子龙招募的振武军。当夏完淳深夜到达时，泖湖上月白风清，只有夜风吹动的凄凉感，树叶的沙沙声，水浪的低沉涌动声。

夏完淳又吃惊，又伤心。难道黄浦大战时，李成栋分兵进攻了泖湖？

他双眼扫过寂静泖湖，不断喃喃祈求，但愿师父陈子龙未殉国难。这几个月来，夏完淳与清军交手，知道清军实力太强，师父组建的振武军并非正规武装，要说清军将振武军一战歼灭，可能性非常大。只是夏完淳实不愿相信师父也遭受兵败的命运。

他跳上一条小船，独自在湖上划动，只觉月光凄清，天地间似乎只余下他一人。

不知不觉间，夏完淳已将小船划向陈子龙的中军大帐。

刚刚靠近，便听得里面有人痛苦吟道："生平慷慨追贤豪，垂头屏气栖蓬蒿（péng hāo）。固知杀身良不易，报韩复楚心徒劳……"

"师父！"夏完淳听出是陈子龙之声，不由大喊一声，从船头跳上船坞，奔跑入帐。

里面果然是陈子龙孤身独坐。

"师父！"夏完淳又喊了一声，双眼忍不住落下泪珠。

陈子龙见夏完淳奔进，立刻起身，激动说道："完淳，为师终于等到你回来了！"

夏完淳擦泪说道："师父，吴将军和黄将军，已经全军覆没了。"

陈子龙缓缓点头："为师已经知道了。"

夏完淳急切问道："师父，清军攻入泖湖了吗？振武军呢？"

陈子龙摇摇头，悲声说道："我接到了黄浦败报，为师不想将士白白送命，已经解散振武军了。"

夏完淳吃了一惊，说道："解散了？"

陈子龙也是双眼盈泪，说道："为师看得清清楚楚，如果不解散，会徒自葬送这些人的性命，为师于心何忍？"

说罢，他看向外面黑漆漆的夜幕，又凄凉说道："如今，为师就在这大明的残山剩水中做个孤魂野鬼吧！"

夏完淳见陈子龙意气消沉，不由悲愤，大声喊道："师父！不可如此！不可如此！"

陈子龙惨然一笑，说道："完淳，来陪师父喝一杯酒吧，日后图谋恢复，就在你的身上了。"夏完淳见陈子龙心灰意冷，不禁心酸，他知此刻多劝无益，便答应道："好，徒儿陪师父喝一杯，待天明时，我们离开这里。"

师徒二人寡酒对饮，当真是借酒浇愁愁更愁。喝到方醉未醉之际，忽听外面水声有异，二人侧耳一听，竟是船桨破水声，分明是一条船在靠近。

夏完淳说道："我去看看。"

他起身走到帐门，朝外看去，不禁惊喜喊道："爹！爹！孩儿在这里！"

话音未落，夏完淳已泣声奔出帐外。外面踏上船坞的正是浑身是血、死里逃生的夏允彝。

父亲之死

1

松江被李成栋攻破之后，在城内四处搜捕抗清人士。

曹溪流水依旧，远处昆山如故，只是此刻遍布的，已是清廷旗帜了。

一个月来，夏允彝足不出户，每日在书房内奋笔撰写《幸存录》。

这日黄昏，夏完淳从书房外敲门而入。夏允彝没有抬头，手中笔尖未停。夏完淳在父亲身边站立。片刻后，夏允彝将一章写毕，才搁笔看着儿子。父子劫后余生，心灵相通，更胜往昔。

夏允彝凝视夏完淳说道："完淳，是不是出什么事了？"

夏完淳的脸色、目光比数月前更显沉着和坚毅，他说道："爹，今日孩儿外出，闻得讯息，说李成栋正遣人寻找爹爹。"

夏允彝"哦"了一声，冷静说道："这么说，那个逆贼很快又要抓人了？"

夏完淳恨声说道："那些叛贼真是令人齿冷！他们居然放出传言，说爹若是投顺清廷，必得高官厚禄，若是不肯当官，也不妨出来一见。"

"哈哈！"夏允彝不由抬头一阵冷笑，鄙夷地说道："这么说，那些鞑子居然想爹如那些叛贼一样屈膝称臣？那可真是休想了！"

他见夏完淳脸色含悲，眉头皱道："今日是否还听到他事？"

夏完淳牙关一阵咬动，缓缓点头，悲声说道："的确还听到一事，黄浦一战，吴志葵将军和黄蜚将军未能逃脱，被鞑子擒获，四日在南京遇害了。"

"啊！"夏允彝惊呼一声，站起身来，双眼紧闭，终还是忍住泪水，颤声说道："好！好！谁说大明只有投降将军？黄将军舍身赴难，升阶取义成仁，不枉爹曾经的一番心血！南京、南京……"他情绪激烈，终于还是说不下去。

夏完淳声音低沉地说道："如今南京，乃叛贼洪承畴坐镇指挥。这奸贼！"他右手握拳，狠力砸在左掌之中，续道："我真恨不得将他碎尸万段！"

夏允彝呆立半晌，终是用一声轻叹平复自己。他走到桌前，拿起上面的文稿，在纸上抚摸片刻，说道："完淳，为父的《幸存录》已写完六卷，余下的未竟之章，为父要托付给你了。"

夏完淳猝（cù）然一惊，一股不祥之兆笼上心头，急声说道："爹这是何意？"

夏允彝缓缓摇头，说道："社稷沦亡，清军不会放过为父，这曹溪，我们也待不下去了。"

夏完淳心头震动，建议道："爹，如今唐王在福京（今福建）正位，不如我们前往投奔？"

夏允彝来回走得几步，目光看向窗外垂下的夜幕，缓缓说道："辅佐新君，以图再举，固然乃善策，可为父在吴淞举事失利，今已是苟且偷生，如何给万世留训诫？眼见鲁之玙惨死苏州、侯峒曾捐躯嘉定、徐石麒殉难嘉兴，如今升阶和黄蜚又取义南京，江南万千汉民涂炭，为父心意已决，该与他们同游了！"

"爹！"夏完淳不由大喊一声，浑身猝然颤抖。

夏允彝凝视儿子道："世事艰难，为父已老，难再亲身上阵，留此残躯，也不过多遭屈辱，若能激发江南志士，也是为父的价值了！"

夏完淳闻言，再也忍不住热泪，泣声说道："爹！难道爹想丢下孩儿？"

夏允彝拍拍儿子肩膀，缓缓道："你会忘记爹吗？"

"爹！爹！你不能……"

夏完淳泪眼模糊，艰难说道："我娘还在，姐姐、妹妹还在，爹不要……"他没有说完，他知道父亲的决定是因为无数的旧交故知慷慨就义，是整个大明社稷的风雨沦亡。没有社稷，又如何能保住个人之家？

夏允彝凝视儿子片刻，挥手说道："你先出去吧。"

夏完淳见父亲声音如常，缓缓点头道："孩儿活着，爹也要活着。"

夏允彝忽然微笑一下，重复道："你先出去吧。"

夏完淳见父亲声音沉稳，心里隐隐觉得，事情也许没有发展到最后的地步。

2

当夜，夏完淳难以入眠。晚餐时，夏允彝严令家人不许进入书房，理由是要给前些时日写毕的侯峒曾及徐石麒两篇传记进行增删。夏完淳不敢违抗父命，但傍晚与父亲说的话一句句反复流过心中，愈发不安，迫使他时不时就踱步到书房门前。见里面烛火不熄，父亲的身影在窗纸上摇晃，心内略安。待回房上床之后，仍是辗转反侧，到半夜时又悄悄披衣下床，见书房内仍是烛光闪动，觉得父亲大概只是一时之想，累日疲倦，不知不觉，合眼睡去。

翌日，天刚发亮，夏完淳便被一阵急促的敲门声惊醒。

一股说不出的凄怆感陡然抓住夏完淳的内心。他立刻爬起来，打开门。外面站的是捂嘴哭泣的姐姐夏淑吉。

"姐姐……"夏完淳一句话没说完，已知道发生了什么。

"爹他……"夏淑吉还没有说完，夏完淳已经发疯似的奔向大厅。

大厅内全家人都在放声痛哭。

夏完淳的嫡母盛氏、生母陆氏、妹妹夏惠吉都跪在地上，她们面对的是平躺于地、已气息全无的夏允彝。

夏完淳惊喊一声"爹"，跨过门槛便跪将下去，膝行到父亲身边。

夏允彝脸色惨白，须发皆湿，身穿官服，似乎正在无比平静地酣睡。

一种永远无法描述的怆痛从夏完淳胸口迸发。他颤抖着伸过手，在父亲脸上抚摸，双眼流泪，没有像其他人那样号啕，只低声泣道："爹，你终究还是去了。"

夏完淳慢慢转过头，看着身后的家人，问道："谁发现的？"

夏完淳妹妹惠吉哀声哭道："我早上去溪边打水，就看见爹爹、爹爹……"

夏完淳泪流不止，再看父亲，此刻才发现，父亲的腰带竟然还未打湿。他知松塘水不深，如何能淹人性命？自是父亲死志坚决。溪水不能淹没全身，便将头浸入水中，硬生生呛肺而死。想到此处，夏完淳再也忍不住，扑在父亲身上，像母亲她们一样痛哭起来。

过得片刻，夏完淳缓缓起身，擦泪再次凝视父亲。苏州城外的无数百姓殒命、黄浦江上的熊熊烈焰、义师的倾覆、鞑子的暴行，一幕幕在他眼前闪现，吴志葵、鲁之玙、侯峒曾、黄蜚以及无数和自己并肩作战的大明军士之脸，最后慢慢凝聚成父亲此刻苍白的死寂之脸。

夏完淳再次抚摸父亲的脸，喃喃说道："爹，孩儿一定会继承您的遗志。"

3

夏允彝的死讯传开，曹溪民众尽放悲声，前来为夏允彝哭拜的人络绎（luò yì）不绝。

棺停三日，在为父亲下葬前，身穿孝服的夏完淳才终于独自走入父亲书房。

在父亲生前惯坐的椅子上坐下，面前桌上，是厚厚一沓文稿。

文稿上有封信，上面写得明白，是留给陈子龙的信函。

拿起信函，夏完淳内心伤感不已。自在泖湖与陈子龙分别回曹溪之后，便再无陈子龙任何音讯。不知这位慷慨壮烈的师父此刻究竟如何了。他不敢去看信内文字，将其悄悄挪到一边，下面的文稿分为三叠，一叠是夏允彝刚刚完稿的《侯峒曾传》，一叠是《徐石麒传》。侯峒曾之子侯玄洵是姐姐夏淑吉丈夫，若不是侯玄洵早在崇祯年间便因病去世，否则在此次的义师举事时，不会缺少侯玄洵的身影。

两叠传记之下，便是夏允彝已完成六卷的《幸存录》了。看着"幸存录"三个大字，夏完淳不禁再次落泪。幸存、幸存，如今父亲已死，真正幸存的只是自己了。江山崩塌，神州色变，如今还活着的遗臣汉民哪个不在幸存之列？可这幸存究竟又有什么意义？如果幸存者不能众志成城，不能携手御敌，日益残损的大明南部也难免被清军全部蚕食。到那时，不肯屈膝的幸存者便只有捐躯这一条路了。

夏完淳抬起头来，悲愤与凄苦同涌心头。下一步该如何呢？

将《幸存录》拿起之后，忽见下面还有一封书信。夏完淳拿起一看，竟是父亲写给自己的信件。夏完淳的心激烈跳动，急急展开。

夏允彝遗命为三事，一是命完淳替父完成《幸存录》，二是寻找陈子龙，交付信函，三是再入义师，毁家饷军，共举大义。

夏完淳一字一字读完，不禁潸（shān）然泣道："爹，孩儿一定不负父望。"

夏完淳坐在父亲的书房，读完父亲留给他的书信，不禁潸然泪下。

夏完淳执信良久，房门忽然被推开。

是姐姐夏淑吉急步入内。

夏完淳还未开口，夏淑吉就急急说道："完淳，你快过来，福京来人了！"

夏完淳不禁一惊，福京是唐王所在。数月前，唐王由监国正位称帝，改年号隆武。夏完淳曾建议父亲和自己同往投奔，不料隆武帝竟派人来曹溪了。

夏完淳即刻起身，和姐姐同往灵堂。

4

走到灵堂门口，便听得里面哭声一片。

夏完淳迈步进入。见一人正跪在夏允彝棺椁（guān guǒ）前哀泣。两位母亲和妹妹正跪倒还礼。

夏完淳赶步过去，也在母亲身边跪下，朝来人叩首。

那人终于擦泪起身，眼望夏完淳，说道："这位便是完淳公子了？"

夏完淳点头道："在下正是夏完淳，敢问先

生……"

那人从怀中拿出一卷金黄布帛，说道："我奉
当今陛下之命，前来曹溪，此乃陛下圣旨。"

夏完淳惊讶一声，说道："陛下有旨？"

那使者再次落泪，说道："可惜我来迟了！允
彝先生竟如此殉国，令人痛心不已！"

夏完淳日日都是伤心之状，拱手说道："不知
陛下是何旨意？"

使者缓缓摇头，说道："今福京首辅黄道周大
人举荐彝仲先生，陛下命彝仲先生为翰林院侍读学
士兼给事中，欲请往福京共襄国是，可、可……与
彝仲先生竟阴阳两隔了！"说罢，那使者又跪将下
去，再次痛哭起来。

夏完淳也急忙跪倒，再次还礼，说道："完淳
代父谢过陛下！"

使者收住悲声，对夏完淳说道："如今彝仲先
生盖棺，完淳公子可否与我同往福京？"

夏完淳擦泪说道："家父有遗命与完淳，命我
先续成未竟遗作，再寻到我师陈子龙，家父有遗书
相托。完淳今日尚不知子龙师父何在，待完淳完成

父命之后，再行定夺。"

使者缓缓点头，说道："公子宽心，我一路潜行，倒是知道懋中先生下落。他如今在嘉善西北三十六里处的水月庵出家为僧，法号信衷。"

夏完淳"啊"的一声，说道："我师父在水月庵（ān）出家了？好，待完淳料理完家事父命，便前往嘉善。"

歃血为盟

1

　　夏完淳执笔将《幸存录》的《南都大略》和《南都杂志》两卷续完后，已是第二年（1646）春天。按清朝年号，为顺治三年，按大明年号，乃隆武二年。

　　江南年年依旧。人间四月芳菲尽，山寺桃花始盛开。

　　在嘉善水月庵出家的陈子龙万没料到夏完淳会在桃花盛开的暮春寻到此地。

　　夏完淳将父亲书信交与陈子龙。

　　陈子龙展开阅毕，不禁涕泗滂沱，直到此刻，方知夏允彝已以身殉国。陈子龙大哭道："我与彝仲相知二十余载，不意彝仲兄竟先我而去，如何不让人痛彻心扉！"

夏完淳看到师父居室简陋至极，感伤说道："师父，天下如此动荡，如何能退隐出家？"

陈子龙听出夏完淳隐隐有责备之意，遂缓缓摇手道："完淳，你以为师父会从此不问世事？为师身上这件袈裟，可掩护很多。"他收住眼泪，正色道："彝仲兄以死全名节、激志士。活着的人，岂可有负死者！"

夏完淳见陈子龙言语激昂，眼前人虽袈裟裹身，却一如当年的师父。听陈子龙简单之言，夏完淳立刻明白，师父虽是出家，却不过是为求得有用之身不死，不禁又惭愧又振奋，脸上一热，说道："徒儿知道了，师父身在佛门，心在社稷，怪不得福京使者知师父下落，原来师父一直与福京有联系，适才徒儿……"

陈子龙摇手说道："完淳年轻大义，为师只有欣慰之感。上月为师与太湖吴易联系，如今吴易已再次占据吴江，我们有一番大业可做了！"

夏完淳闻言激动，说道："徒儿在路上也听说吴易将军再破吴江，不如我们即刻赶往吴江？"

陈子龙微笑一下，说道："你已至嘉善，难道不去见见你岳丈？而且，有一事你恐还不知，秦篆已为你诞下夏家骨血。"

"啊！"夏完淳不禁惊呼。这一年时间过去，万没料到钱秦篆已为自己生下孩子，不禁双泪滚滚，走到门前，跪地说道："爹，您在天有灵，孩儿告知，如今夏家有后了！"

陈子龙嘴唇一动，想说什么，却又忍住了。

2

夏完淳的到来，令钱家俱感兴奋。

吴淞起兵之时，钱彦林及堂弟钱棅也在嘉善起兵，义兵失败之后，钱棅在震泽殉难，钱彦林将家人搬家另居，以避追捕。若不是陈子龙同行，夏完淳还无法找到钱家。

看着钱秦篆怀抱婴儿而来，夏完淳不禁激动，伸手抱过，只见那孩子淡眉大眼，甚是可爱，看见夏完淳竟然不惧，伸手想去触夏完淳的脸。夏完淳忧生伤世，亲历桩桩惨事，此刻见到孩子，第一次因喜而泣。

钱秦篆在旁，也抬袖拭泪，轻声说道："只是……是个女孩。"

"女孩？"夏完淳重复一句，缓缓说道："要是男孩就好了！等他长大，上阵杀敌，为他爷爷报仇雪恨！"他刚一说完，顿觉不妥，歉然看着钱秦篆，补充说道："女孩也好，等她长大，未始不能成为巾帼英雄。"

钱秦篆眼中含泪，嘴角微笑着说："夫君，你今日能平安回来，我真是感谢苍天。"

夏完淳凝视妻子道："我不在身边，你受苦了，如今乱世，既要抚养孩子，还要孝敬父母。你真是瘦了很多。"

钱秦篆声音有些伤心，说道："我没事的。公公去世，不知婆婆她们如何？"

夏完淳叹息一声，看看妻子，又看看岳父，说道："家父去世之后，我母亲和姐妹她们已在曹溪筑'岁寒亭'小庵，剃度入道了。"

钱彦林等人闻言，不由一阵伤感。

钱彦林叹息说道:"她们是不想你有牵绊啊。完淳,你能到嘉善,好!好!正好你师父近日有些想法,我们一起商议。"

钱秦篆伸手将孩子接过,柔声说道:"夫君且去,孩子给我。"

夏完淳看着钱秦篆抱孩子入内,回头看着岳父和师父,点头说道:"好,淳儿洗耳恭听岳父和师父之高见。"

3

三人坐下之后,陈子龙率先说道:"如今吴易将军攻克吴江,实振江南之心。我收到吴将军来信,他欲招子龙和彦林兄入吴江,共商大计。"

夏完淳看看钱秦篆刚刚离去的方向,轻声叹道:"吴将军相召,自当前往。"他犹豫片刻后续道:"不过师父,岳父年长,家中还有幼儿,不如让完淳前往军中。我记得在苏州分别之时,我对吴将军有承诺,如今也正是完淳践诺之时,此外,完淳遵父亲遗命,已变卖全部家产,可充军饷之用,愿与师父一同前往军中。"

钱彦林起身说道："贤婿此言差矣，如今天下沉沦，若念家小，如何成得了大事？"

夏完淳见岳父慷慨，左右望望，心念一动，问道："岳父大人，敢问钱熙、钱默二位舅子何在？"

钱彦林闻言，沉默片刻，复又坐下，惨声说道："熙儿前月往太湖联系吴易将军，不意回来后一病不起，已于上月病故了。默儿前年被任为嘉定知县，自城破之日，无人知其去向。"说罢，钱彦林心中凄凉，不禁又双眼欲湿。

夏完淳胸口绞痛，握拳说道："鞑子占我江山，杀我黎民，实乃不共戴天！"

钱彦林强忍悲伤，平息一下，对陈子龙说道："今日完淳来此，子龙可携完淳前往太湖，老夫已联系倪抚、陈槐、孙璋、孙钜诸人，欲在嘉善再次起兵，配合吴江，以抗鞑子。"

陈子龙捻须片刻，然后不紧不慢地说道："彦林兄在嘉善举事，完淳去太湖，好！好！"

夏完淳和钱彦林听得明白，夏完淳说道："师父不与徒儿同往吴江？"

陈子龙将脖上念珠取下，说道："仅靠义兵，恐难成事。上月吴将军虽攻破吴江，可彦林兄和完淳是否知道，前来进剿的清军乃大明降官吴胜兆。"

钱彦林闻言，怒声道："这个谁人不知！这叛贼在城外大肆抢掠，实乃乱臣贼子，子龙为何提他？"

陈子龙微笑道："正因吴胜兆在城外抢掠，天怒人怨，被清廷的闽浙总督张存仁上疏参劾，吴胜兆被罚俸六个月，致使心怀愤恨。"

"哦？子龙从何处得知？"

陈子龙答道："吴胜兆部下参谋戴之俊、陆冏（jiǒng）、吴著等人不欲做乱臣贼子，与子龙素有书信。他们正寻候良机，欲令吴胜兆反戈易帜。若能如此，抗敌取胜，将事半功倍！子龙前日接戴之俊密信，我且先去会他。此外，长洲刘曙刘公旦先生，我也得去邓尉山寻他。刘先生忠义豪杰，我必得亲去。"

夏完淳和钱彦林听得又惊又喜。夏完淳不禁振奋道："师父这件袈裟，果然益处良多。依师父之意，将策吴胜兆反正？如事情促成，我们内外夹击，鞑子必败！"

陈子龙微微一笑，又正色说道："吴胜兆投降鞑子以来，杀汉人不少，真要策他反正举兵，恐还有些时日，短则半年，多则一年，奔波之事不少。如今驻守舟山的黄斌卿将军舟师甚为庞大，为师得设法和他取得联系。"

夏完淳沉思道："完淳与岳父攻外，师父攻内。师父处境更加危险啊。"

钱彦林再次起身，一字一顿地说道："不论时日多长，吾等同心，誓灭鞑子！"

几个字说完，钱彦林走到墙前，伸手将墙上斜挂的一柄宝剑取下，双手横托，走到陈子龙和夏完淳身边。

陈子龙和夏完淳见状，不由起身站起。

钱彦林说道："我三人今日歃血为盟，誓灭鞑子！"

夏完淳心中激动，跟着说道："歃血为盟，誓灭鞑子！"

陈子龙也跟着说道："歃血为盟，誓灭鞑子！"

钱彦林伸手将桌上酒壶提起，将各人面前的酒

钱彦林，陈子龙，夏完淳三人歃血为盟。

杯筛满，然后挽起衣袖，横剑在胳膊上轻划，一股鲜血冒出，滴在酒中。

陈子龙伸手接剑，依法而为。

夏完淳早迫不及待，在岳父横剑之时，就已经卷起衣袖。见师父完成，立刻接过利剑，也在胳膊上横划而过，将冒血处对准酒杯滴落。

夏完淳插剑入鞘，三人同时举杯，互相望望，同样的坚决之意在彼此眼中闪烁。

"抗清到底，虽死不变！"

三人碰杯，同时将血酒一饮而尽！

昙花一现

1

见夏完淳来到太湖，吴易大喜过望。尤其夏完淳携来军饷，更是令吴易感佩，当即命夏完淳为军中参谋。夏完淳推辞，吴易说道："去年虽未攻克苏州，但完淳公子思绪缜密，已令吴某佩服，如今我部下勇将不缺，独无谋士，用人之际，公子就无须推托了。"

夏完淳见吴易出言甚诚，于是慨然应允。

吴易大喜，即刻命手下陈继、周瑞、朱斌、张贵四员大将来中军帐见参谋。

四人早闻夏完淳之名，此刻一见，个个振奋，听得夏完淳被吴易任为参谋，都施礼相见。

夏完淳见他们个个威武非常，眼望陈继说道："陈将军元宵日率先攻破吴江，杀鞑子县令孔胤祖，振奋人心，完淳拜服！"说罢拱手一揖。

陈继听夏完淳开口便说自己攻破吴江之事，极为高兴，说道："夏参谋言重了。"

夏完淳又看向周瑞，说道："周将军三月二十六日击败叛将汪茂功，追杀四十里，斩敌将士三千余人，获船五百余艘，实为江南惊人之战，请将军受完淳一拜。"说罢，也是弯腰一揖。

周瑞赶紧说道："可恨杀得太少！"

夏完淳微笑道："鞑子遍布江南，就等我们一一杀将过去！"

吴易哈哈一笑，说道："完淳公子对战事了如指掌，吴某佩服。依公子之见，我们下步该当如何？"

吴易说出此言，也是道出困惑难题。如今率军一连好几次胜仗，却不知该朝何方出击，急待制订战略方向。此时夏完淳到军中，吴易确有如鱼得水之感。

夏完淳将桌上地图展开，伸手指住一处，说道："依完淳之见，下一步我们挥师海盐，我岳丈正起兵嘉善，若取下海盐，便与嘉善遥相呼应，两军出击，足可平定嘉兴，如此便可往杭州湾进军。"

吴易闻言，只觉茅塞顿开，说道："好！大军即刻攻取海盐！"

2

吴易与夏完淳亲率大军前往海盐。

这支义军数月间连战连捷，正是士气高涨之际。

抵达海盐当日，传来讯息，钱彦林、孙璋大破县内清军，已完全控制嘉善。

消息传开，全军士气更涨。吴易亲自指挥，全军潮水般涌往海盐城门。守卫海盐的清军不多，见城外来军勇猛，只得仓促迎战。夏完淳见鞑子军布阵未及，一声怒喝后，催马上阵。

此一役，夏完淳一雪去年苏州城门中箭之辱，与陈继、周瑞率三路骑兵，冲乱对方前军，清军仓皇入城。夏完淳趁对方来不及拉上吊桥，奋勇催马上桥，率先冲过护城河，后面军士狂吼而上，雷霆般攻破城门。

吴易见夏完淳率队入城，立刻下令，全军接应。海盐一役，竟是义军赢得最为干净利落的一场战役。

夏完淳站在城头，各处城堞（dié）插满大明旗帜，不禁热血澎湃，遥望长空，嘴里喃喃自语道："爹，孩儿今日破城杀敌，为爹报仇了！"

身后一阵喧哗声传来。

夏完淳扭头一看，只见一队军士押着一名五花大绑的清廷官员过来。

那官员浑身发抖，连站立的力气也没有，在几名军士的挟持下才迈得动脚步。

他们走到夏完淳身边，当先一军士对夏完淳拱手说道："夏参谋，此人乃海盐县令，吴将军有令，海盐是夏参谋所破，这个狗官就任夏参谋处置。"

夏完淳走上几步，眼光冷冷扫视，只见那县令官服凌乱，帽子滑落，脑后拖根长长的辫子。

这是他第一次如此近地看见一个清廷官员。

那县令浑身发抖，待旁边挟持之人松开，竟立刻瘫（tān）软在地，叩头说道："大人饶命！大人饶命！"

夏完淳眉头一锁，厉声喝道："听你口音，乃是汉人，如何降了鞑子？"

那县令脸色发白，只说："大人饶命！大人饶命！"

夏完淳无比愤恨，喝道："甘心降虏，辱没祖宗，居然还想饶命？我大明江山的千千万万汉人就是在你这样的贼子手上断头捐躯！今日不杀你，何以慰死去的万千英灵！"他提高声音，对左右军士说道："拖出去！立刻斩首！"

"遵令！"那队军士同时弯腰，将口中已吐白沫的县令拖下，直接在城头斩首。

夏完淳再次远望城外平原，恨声说道："鞑子！还我大明江山！"

3

攻克海盐，斩杀县令，全城军民尽皆沸腾。

此战结束虽快，吴易还是下令休整三日，其间
与嘉善飞书相约，准备攻取嘉兴。

到第三日晚间，吴易下达军令，明日一早，大
军进发嘉兴。当夜，吴易摆下壮行酒宴，激励三
军。全军尽欢而散。

一夜无事，到翌日将晨，海盐城外，突然间沙
尘漫天，大地如滚惊雷，似是万骑奔来。

夏完淳闻讯一惊，立刻披挂上城，抬眼远望。

一眼望去，夏完淳不由暗暗吃惊，远处人马简
直不计其数，旗号看得分明，竟是清军闽浙总督张
存仁亲率大军来攻。

夏完淳持剑下令，调来弓箭手，藏身城堞，同
时命人通报各门，防备清军攻城。

原来海盐被克的消息传出之后，降清后当上闽
浙总督的张存仁精熟浙江战略地形，立刻看出形势
不妙，迅速从杭州赶到湖州，调集能调动的各路军
马。抵达海盐之后，立刻分军围城。

夏完淳见攻势甚急，一边令弓箭手射退清军，一边派人与各门联系，督促守四门之军全力护住城池。

张存仁也在城下亲自督军，不顾一切要攻下海盐。

城内守军本就少于张存仁部队，双方从辰时杀到酉时，清军始终不退。夏完淳看看箭矢将要用完，外面清军的攻势仍一浪高似一浪。夏完淳眉头一皱，下令部下聚集五百强弩精锐，亲自上马，突然打开城门，率军冲出。

清军没料城内竟然还有出击能力，顿时变得措手不及，被冲出的强弩弓手猝然射退。夏完淳斩杀不少清军，从战场上夺得千余箭矢回城。

夏完淳的战法激起其余各门守军士气，吴易、张继、周瑞等人也感城内箭矢不多，遂也选出精锐，开城出击。不料，周瑞等人虽勇，却敌不过清军人员优势。夏完淳能取胜回城，关键在出其不意，余人如法炮制，却让清军有了戒备。周瑞率部出东城之后，竟然被一支全副强弓的清军射杀不少。周瑞原是猛将，见部下伤亡甚众，怒喝连连，催马持矛，冲击清军阵地。不料一支冷箭射来，直穿周瑞咽喉。

见主将阵亡，他身后已经不多的军士在慌忙回撤中，俱被清军射杀。

潮水般的清军从东门杀入城内。

吴易闻得城门失守，心知此战已败，即刻下令弃城。

军令传出，各城义兵纷纷齐聚南门，杀将出去。

吴易一马当先，手下几员猛将也奋勇冲击。

一直杀到夜幕降临，吴易率军终于冲破清军拦截，奔往嘉善。

嘉善钱彦林已闻讯出来救援，夜色中一场混战，击退追兵，吴易等人直到西塘后才算扎住阵脚。

钱彦林来见吴易，左右看看，急声问道："吴将军，完淳呢？"

吴易此刻才发现，夏完淳竟然没有跟上这一路退军，不禁脸色苍白，对手下问道："谁看见夏参谋了？"

部下面面相觑。没有一个人看见夏完淳。

钱彦林颓然跌入椅中，嘴里喃喃说道："完淳！完淳！你……你还活着吧？"

避走嘉定

1

月色凄凉，照着尸横遍野的海盐城外。

吴易要率军突围，张存仁要统部追赶，日间的激战过后，双方都没有留下来收拾战场。

寂静无声中，一群群乌鸦飞到尸首之上。

一只乌鸦看准一具尸身，用力一啄，那具尸身陡然一哼，慢慢蠕动着，坐了起来。

乌鸦像被惊吓，立刻展翅飞走。

月光下看得清楚，那具活过来的尸身正是夏完淳。

当他得知城破，心知自己在北门，若去南门汇合吴易的话，时间无论如何都不够，于是当机立断，下令开城，从北门突围。

不料，刚刚出城，夏完淳的肩窝被冷箭射中，翻身落马，头部狠狠撞到石上，顿时晕死过去。他的中箭伤口一直流血，若不是这只乌鸦前来啄食，夏完淳便永远消匿在城外的尸体堆中了。

勉力站起之后，夏完淳咬牙拔下肩窝箭矢，撕一块袍带裹紧伤口，张眼望去，只见周围尽是义军尸首，他四处抚摸，总盼望还能有活着的，却是摸了一个多时辰，再也没有发现一个活着的军士。

战场终是危险之地。夏完淳挣扎起身，努力辨明方向。他知此刻若投往嘉善，沿途俱是清军，无异于自投罗网。心念一动，迈步朝嘉定方向艰难走去。

2

一个多月来，夏完淳晓宿夜行，直如乞丐。夜路上遇到的任何汉人和清军都没去注意这个蓬头垢（gòu）面的少年。当他们展开交谈时，他们更不会注意这个少年会装作不经意似的将所有言语听到耳内。夏完淳每日所闻，无非是抗清义兵逐个失败，清军日益南下。夏完淳心如刀绞，却终是无可奈何，唯一令他吃惊的消息是，清廷在北京以"将谋不轨"的罪名处死了一年前被俘的弘光帝和降清的潞王朱常淓等十一个明朝朱姓藩王。

几日后再听到的消息令夏完淳真正感到震惊。一是撤到嘉善的吴易中了降清知县刘肃之的诡计，和倪抚、陈槐一同被捕，孙璋、孙钜投河自尽。没有听到岳父钱彦林的消息，不知是否还活着，再想到妻子和女儿，不觉涕下。二是听到清军击败了鲁监国布置的钱塘江防线，鲁监国损兵折将，仓促间逃到海上，其麾下越国公方国安率五百马军、七千步兵不战而降，倒是兴国公王之仁率数百艘战船撤到了舟山之上。

夏完淳担心自己被人发觉，听到此处，赶紧离开。

舟山。他记得清楚，师父陈子龙曾说过舟山有黄斌卿统辖的强大舟师。不知他们汇合后会不会渡海击敌。此刻的子龙师父在哪里呢? 想到师父，夏完淳胸口更是发酸，只觉天地茫茫，竟无自己的一处立足之地。

夏完淳到达嘉定，时间已是六月十七日了。

3

选择嘉定，是因为唯一可投奔的侯峒曾弟弟侯岐曾住在嘉定。

看到夏完淳竟然现身嘉定，侯岐曾大为吃惊，立刻将夏完淳安置在家中槎（chá）楼居住。

直到此时，夏完淳才算是安定下来。

当夜，有两人闻讯来见夏完淳，一人是侯岐曾的女婿顾天逵，另一人则是顾天逵之父顾咸正。顾家住昆山，毗邻曹溪，素与夏家多有往来。这几日，顾家父子凑巧在嘉定，闻得夏完淳在此，立刻过来相见。夏完淳异乡逢故人，也是精神一振，几人在槎楼谈到深夜，先私事，再国事，谈到如今江南之况，终是感到复明之途渺茫。

待夏完淳送走诸人，已是半夜，他虽疲惫不堪，却难有睡意，推窗望月，难抑悲伤，索性点起蜡烛，在桌上铺开纸笔，凝神良久，在首页纸上写下"大哀赋"三字。

这三字一落，顿时间，千头万绪，潮水般涌上心头，夏完淳强忍肩窝创口，笔尖不停，一列列字迹铿锵而出："越以乙酉之年，壬午之月，玉鼎再亏，金陵不复，公私倾覆，天地崩离。托命牛衣，巢身蜗室。吊东幸之翠华，蒙尘枳（zhǐ）道；望北来之浴铁，饮马姑苏……"

其时烛光摇曳，月隐乌云，夏完淳脸色悲愤，写过一页，又写一页，间或抬袖抹一下眼眶，不让悲泪滴下。

天明之时，侯岐曾在外敲门，未见夏完淳开门，心中一急，推门便入。

只见夏完淳侧坐椅上，尚未苏醒。

侯岐曾慢步走到夏完淳身边，见他睡得沉酣，不忍叫醒，低头见桌上满纸字迹，小心拿起，慢慢展读。读到"国亡家破，军败身全。招魂而湘江有泪，从军而蜀国无弦"时，侯岐曾已泪难自控，潸然而下。

4

顾咸正父子几乎每日都来与夏完淳相见。

夏完淳肩窝的箭伤甚重，一个多月的奔波使得伤口愈加严重，顾咸正略微懂些医道，便每日给夏完淳疗伤，夏完淳也不便出门，在侯岐曾家中忽忽便住了月余。

七月中的一晚，顾咸正父子又来槎楼。他们已定明日回转昆山，此来与夏完淳告别。谈话间谈到夏完淳故乡松江，顾咸正很无意地说道："如今吴胜兆那个叛贼被洪承畴移守松江了……"

夏完淳疑惑问道："吴胜兆不是在苏州任苏松常镇提督吗？怎么去了松江？"

顾咸正见问，便答道："吴胜兆替鞑子任先锋，招降了不少军士，苏州人人俱知，吴胜兆部队愈多，愈是骄横，连苏州的鞑子巡抚土国宝也不看在眼里。土国宝为了能在苏州说一不二，就向南京的奸贼洪承畴告了一状，说吴胜兆心怀不轨。洪承畴老奸巨猾，不想苏州巡抚和提督发生矛盾，就把吴胜兆调往松江了。"

夏完淳闻言，不由站了起来，沉思道："从偌大的苏州到小小的松江，这对吴胜兆来说，明明就是排挤，料想吴胜兆内心会更加不满。"

顾咸正等人皆不明夏完淳究竟，顾天逵说道："吴胜兆内心如何，与我们无甚关系，他到哪里不都是给鞑子当马前之卒，害我汉人。"

夏完淳脸上现出一丝笑意，说道："子龙师父曾告诉我，吴胜兆进犯吴江时被张存仁上疏，被罚俸禄半年，对清廷已经不满，如今又在苏州被排挤出，一定会更加恼怒。说不定，我们真能策反他！"

侯岐曾等人同时吃惊。

顾咸正讷讷（nè nè）说道："这些降清之人都甘当鞑子走狗，如何会反正？"见夏完淳推窗望远，像是胸有成竹，几人都不由眼神惊诧。

5

转眼到了十一月，夏完淳的箭伤已完全康复。

当日早餐之后，夏完淳对侯岐曾说道："侯伯伯，完淳在嘉定打扰多时，如今箭伤已愈，是完淳离开的时候了。"

侯岐曾颇感意外，说道："完淳，海盐一战，清廷到处都在抓你，你若离开，恐路遭不测，不如还是留在这里。"

夏完淳摇摇头，说道："完淳难道要躲一辈子吗？如今海盐风声应该也已平息下去。完淳想去寻子龙师父，如今首要之事，乃是策反吴胜兆，不知究竟如何了，若完淳寻到师父，也可助师父一臂之力；另外，吴易将军遇害之后，至今不知我岳父一家怎样，每日想起，忧心如焚。完淳在侯伯伯这里打扰得实在太久，心里过意不去。"

侯岐曾不悦道："完淳，你这是在说见外之言。侯家与夏家，本来就是亲家，还是在这里住下去吧。完淳，你太年轻了，侯伯伯担心你若遇到危险，侯伯伯心里如何能安？"

夏完淳起身，对侯岐曾深深一揖，说道："完淳心意已决，侯伯伯不必阻拦。如今天下哪里没有危险，大丈夫岂可因险而避？"

侯岐曾挽留再三，见夏完淳去意坚决，只得与夏完淳洒泪而别。

命运无情

1

离开嘉定，仍是天地茫茫，仍是孤身一人，此刻的夏完淳却被一种无可名状的信心充溢着。他记得自己和师父、岳父的歃血盟誓，也知道陈子龙绝不会放弃任何一个策反吴胜兆的机会。夏完淳如何不知，将反清事业寄托在吴胜兆身上，乃无比冒险之事，但他亲身经历了苏州之战，经历了黄浦之战、海盐之战，所有这些战役无不以失败告终，关键是清军实力太强，义军徒有报国之志，毕竟未受正规训练，走上战场之后，要击败清军，难度太大。

到哪里寻找师父呢？夏完淳认真思考之下，决定先前往松江。眼下吴胜兆被土国宝排挤于彼，很有可能探听到一些讯息。主意一定，夏完淳便昼夜徒步，前往松江。不料，到松江后的一个多月，夏完淳始终无法探知吴胜兆的半点消息，尤其清廷的剃发令早在一年前颁下，见到未剃发者便杀，夏完淳日感难以藏身，潜回曹溪拜见母亲和姐姐后，又往嘉善而去。

2

趁夜潜进嘉善之后，夏完淳直奔岳父家，远远看见门外站立的清军，不觉又惊又怒，不知钱彦林和秦篆母女是否还活着。他立刻避走小巷，敲开一户人家。

那人家听见敲门声，惊得魂不附体，打开大门后，见外面站着的不是清军才松下一口气。

夏完淳赶紧问道："敢问这位大叔，请问钱彦林先生如今何在？"

那人伸手一指，说道："在半村。"说罢，也不待夏完淳再说话，立刻关上了房门。

夏完淳急急朝那人指点的方向奔去。

果然，自吴易被杀，嘉善义军再次覆灭后，钱彦林立刻带家眷藏身嘉善半村。是夜，听得外面敲门，急忙吹熄烛火，走到门后问道："谁啊？"

得知来人竟是夏完淳，钱彦林惊喜交集，立刻开门让他进来。

从去年四月开始，夏完淳再也没见过任何亲人，此刻一见岳父，不禁心口发酸，还未来得及跪拜，突然看见钱彦林身后怀抱孩子的钱秦篆。夏完淳一直心挂秦篆母女，自己经生历死，在外又久久漂泊，陡见至亲之人，禁不住热泪滚落，走上去将秦篆母女深抱怀里，喃喃说道："终于见到你们了！终于见到你们了！"

钱秦篆早已泣不成声，嘴里犹自喊着"夫君、夫君……"，钱彦林见状，也泪水不止。这大半年来，每日都是生离死别，每日都是分崩离析，每日都是劫后余生，每日都是刻骨思念。

江南局势还在动荡不安中，甚至连隆武帝也于去年八月在汀（tīng）州被清军俘杀，而夏完淳一家却终于团聚了。

3

又到三月，又见桃花盛开。

夏完淳虽然暂时平安，心中却始终波翻浪涌。这日钱彦林外出，留在家中的夏完淳见天色晴朗，便和妻子带着刚刚学会走路的女儿到桃树下散步。闲走半个时辰不到，远远看见三人进入半村。夏完淳定睛一看，不禁喜出望外，来人中竟然有顾咸正和顾天逵（kuí）父子。嘉定一别后，不意他们今日会到此处。

夏完淳惊喜之下，立刻迎上。

顾咸正父子看见夏完淳，也紧步上前，顾咸正说道："完淳，你果然在嘉善，我们找得你好苦！"

夏完淳虽喜却疑，问道："顾伯伯找完淳何事？这位是……"他看向与他们父子同来之人。

顾咸正轻声说道："这位是谢尧文，乃奉鲁监国之命而来。"

夏完淳吃了一惊，看看周围无人，立刻说道："进屋说话。"

几人回得屋内，谢尧文告知，鲁监国去年五月兵败钱塘之后，乘舟而出，在舟山群岛安顿数月，这年正月，重整旗鼓的鲁监国在长垣誓师，已收复海口等多处失地，闻得夏完淳多次抗清，特命其四处寻找，委以中书舍人之职。夏完淳不由振奋，当即写下奏本、禀（bǐng）揭、条陈等文书，交谢尧文带回。

顾咸正郑重叮嘱谢尧文："此事关系身家性命，尧文一定谨慎！"

送走谢尧文后，顾咸正父子和夏完淳再次回房落座。

顾天逵已按捺不住，急急说道："完淳，我们还有一事想要告你。"

夏完淳见顾天逵神色兴奋，不由感染，转向顾咸正说道："顾伯伯还有何事？"

顾咸正轻声说道："在嘉定之时，你不是说过陈子龙先生欲策反吴胜兆吗？事情终于有了眉目。"

夏完淳闻言，不禁"啊"的一声站了起来，急问道："顾伯伯快请告知！"

事情果如夏完淳在嘉定时所料。吴胜兆被排挤出苏州之后，心头不忿。其参谋戴之俊等人在这一年内与陈子龙秘密相会多次。眼见时机成熟，戴之俊终于乘机劝动吴胜兆重拥明室。身负汉奸之名，又遭排挤之苦的吴胜兆不由心动，尤其他久当清军进剿先锋，总觉清军战斗力未必如自己投降时以为的那样强大，左思右虑之下，决意反正。

顾咸正继续说道："如今子龙已与舟山黄斌卿将军信函联系，约定下月十六日，黄将军率舟师进抵吴淞，与吴胜兆内外配合。只要两军会合，可拿下松江和苏州，然后汇同各处义师，分头出击，南京便收复在望了！"

夏完淳心中激动，说道："今日三月十六，就是说正好还有一个月。顾伯伯，那我即刻动身前往松江！"

顾咸正摇手说道："我与天遐外出前已见过子龙。依他之意，完淳且在嘉善，待黄将军进抵吴淞消息传来，嘉善必乱，那时完淳可在此地招兵

命运无情 137

相应。"

夏完淳缓缓点头。

4

顾咸正父子离去之后,夏完淳日日屈指计算,总觉时间太慢。

眼看四月十六日已到,嘉善县内的清军无任何异常。夏完淳自然知道,若是黄斌卿果真进抵吴淞,乃震动江南之事,不可能不引发嘉善慌乱,如今却是一如往常。夏完淳暗想,若是吴淞交战,消息也未必会即刻过来,遂捺(nà)下性子再等,不料一天天过去,转眼又到了五月中下旬,嘉善始终波澜不惊,夏完淳再也忍耐不住,与钱彦林商量,不如自己亲走一趟松江。

夏完淳收拾停当,正欲出门,一个少年僧人忽然到了半村。

夏完淳一见,不禁大惊道:"登春!你……你怎么出家了?"

来人竟然是杜登春。

一看杜登春神色惊慌，夏完淳就知大事不妙，赶紧将杜登春让进屋内。

杜登春坐下之后，泪水难抑，说道："懋中师父死了！"

夏完淳闻言，顿有天崩地裂之感，陡然厉声喝道："你说什么！懋中师父如何死的？"

杜登春擦擦泪，悲声说道："子龙师父是十三日投水自尽的。"

夏完淳颓然坐下，泪如泉涌。这三年以来，无数人死去，无数伤心事一桩接一桩，但陈子龙的自尽还是无法令他接受。钱彦林也不相信地摇摇头，艰难说道："登春，你说说是怎么回事？"

杜登春终于一边擦泪，一边抽噎着开言。

"上月十三日，黄斌卿将军的舟师按约在渡海之时，遇上风暴，被迫返转。前去接应的吴胜兆部下见无法等到舟山之师，竟合谋反击，将吴胜兆将军捕送南京。陈子龙师父被人控为主谋，也被逮捕。鞑子在押送陈子龙师父之时，陈子龙师父跳船投水，死在了跨塘桥下……"

夏完淳和钱彦林都伤心欲绝地听着。杜登春继续说道:"现在,现在正四处抓捕懋中师父同党。完淳,你……你还是避一避吧。"

夏完淳站起身来,惨然说道:"黄将军舟遇飓风,这是天不佑大明啊。避?如今能到哪里去避?天下又岂有畏人避祸的夏完淳!登春,你从哪里来,就回哪里去吧,完淳已来日无多,我就在这嘉善,哪里也不去了。"

长歌当哭

1

杜登春虽在三年前与夏完淳同署"江左少年"上书乡绅,热血如沸,却终在几年的激流剧变中消磨了当初的意气。眼见江南被清军逐日吞食,心中徒感悲愤,又不愿接受清廷的剃发令,终于往苏州城外的虎丘山寺中削发为僧。

自吴胜兆变节后,反清活动功亏一篑之后,清军立刻在松江、苏州、太仓三地大举搜捕涉事同党。杜登春心知夏完淳不可能置身事外。在顾咸正父子被捕前获悉夏完淳地址,便赶到嘉善告知。不料夏完淳不愿避走,杜登春只得返回寺庙,日日为夏完淳祈祷，希望夏完淳能逃过此劫。

一个月后，杜登春下山去山塘河打水，忽见前面一队清军驱赶一些戴镣囚徒沿河而来，抬眼望去，不由猛吃一惊，只见那些囚犯之中，赫然便有夏完淳。此外还有顾咸正、钱彦林等人。

杜登春眼前一阵晕眩，定定神后快步迎上。

清军领队是一游击。他见杜登春过来，大声喝道："你那和尚，还不快快给老子让路？"

杜登春赶紧赔笑说道："这位官爷，您看现在骄阳正盛，小僧刚刚打水，不如您和几位大人先歇息一下，喝口水再赶路？"

那游击横目看了杜登春一眼，说道："老子要等船，喝什么水？"

杜登春赶紧指着河面说道："船还没到，官爷先请休歇，小僧备水过来。"

那游击也着实口干，看看河上，船只确实未到，便说道："瞧你这小和尚还挺会说话，那你把水备好，老子歇歇。"

杜登春即刻将众人安排在旁边小亭，又到旁边人家借来十多个水碗，将碗一一盛满水，分别端给清军，然后又一碗碗端给站立亭外的被押囚犯。

夏完淳一直凝视着杜登春，见他端水过来，伸手接过，低声说道："谢谢。"

杜登春满眼是泪，见清军没注意这边，低声说道："完淳，他们……"

夏完淳惨然一笑，说道："我没事，此去南京，正好也再看看这一路江山。"

杜登春泪水终于流下，他想说很多，却是一句话也说不出来。如今夏完淳被捕，前往南京，真是凶多吉少了。

夏完淳转过身去，眼望江流，忽然说道："家乡一别，再难重临。"杜登春看着夏完淳双眼凝望滚滚河流，又见他嘴唇微启，缓缓吟出一首诗来：

三年羁旅客，今日又南冠。

无限河山泪，谁言天地宽？

已知泉路近，欲别故乡难。

毅魄归来日，灵旗空际看。

杜登春一字字听完，哪里还忍得住泪水？

夏完淳回过头，对杜登春说道："这首《别云间》是前些日押过松江时所作。三年时间，转眼即过，天地惨变，实在令人哀痛！登春，你我今日一别，便再无重逢之日了，十七年肝胆相照，完淳无以为赠，就留下这首诗给你吧。"见杜登春泪水不止，夏完淳微笑道："船来了。登春，你多多保重。"

杜登春满脸双泪，只叫得一声："完淳！"竟是难以再说下去。

2

黄昏时，这条押送囚犯的大船到了青浦。

夏完淳凝视锁死的船舱窗外，见远处青山夕晖，江水扑岸，山间鸦群乱飞，呜呜哇哇的叫声不断，令人心生凄凉。夕阳虽美，在此刻的囚犯们眼里，却如生命最后的回光返照。夏完淳眼见夕阳落入山后，天边霞光开始黯淡，他慢慢站起，走到舱门前敲门。

押送的清军生怕囚犯投水自尽，将舱门关得严严实实。

那领头的游击过来喝道："敲什么？你坐回去！"

夏完淳从舱门的门眼中对那游击说道："能否在此稍停片刻？"

"停船？"游击冷笑道："别做梦了！这船是老子说停才停，说不停就不停，滚回去！"

夏完淳强忍悲愤，提声说道："既不停船，那给我纸笔。"

那游击本想拒绝，转念想到，这批犯人关系重大，若一点要求也不满足，只怕生出想不到的祸端，当下对旁边军士说道："拿给他。"

夏完淳回到窗旁坐下，钱彦林和顾咸正知夏完淳想为陈子龙写点什么，于是将桌面腾出。

夏完淳已是眼中盈泪，铺开纸张，提笔在纸上写下"细林夜哭"四字，也不沉吟，笔走龙蛇，飞快地在纸上写下"细林山上夜乌啼，细林山下秋草齐。有客扁舟不系缆，乘风直下松江西。却忆当年细林客，孟公四海文章伯。昔日曾来访白云，落叶满山寻不得……"

夏完淳已是眼中盈泪，铺开纸张，提笔在纸上写下"细林夜哭"四字……

这一口气，夏完淳将对师父陈子龙的满腔眷念一行行写下。

钱彦林、顾咸正等人看着夏完淳写一句，跟着读一句，都不禁落泪。此时窗外，已是冷月高升，舱内没有蜡烛，只有月光斜斜照入，夏完淳就着月光，一直写到"呜呼！抚膺一声江云开，身在罗网且莫哀。公乎，公乎，为我筑室傍夜台，霜寒月苦行当来"才搁下毛笔，抬起头时，众人才见夏完淳脸色悲壮，流泪无声。

船到吴江时，夏完淳又一次沉浸在悲痛中。此处是吴易抗清的大本营，就在这里，他带来毁家筹集的军饷。吴易的种种面貌和神色一次次在夏完淳眼中映现，此刻内心的悲愤达到极点，再次铺纸，为吴易写下《吴江野哭》之诗。

钱彦林等夏完淳写完，捧在手中诵读，所有舱内之人尚只听到第五句"有客扁舟泪成血，三千珠履音尘绝。晓气平连震泽云，春风吹落吴江月"时，无不大放悲声。不仅仅是为个人伤痛，更是对一次次反抗失败的不甘，对河山遭受蹂躏的悲苦。

过得数日，南京城外的燕子矶到了。三年前，福王朱由崧便是由史可法陪同，在此登岸，接受南京官绅的集体朝见。仅仅三年，风云惨变，当年在此宣誓效忠的人死的死，降的降。夏完淳抬头看去，天空中暮云席卷，无比沉重地压盖在幕府山头。

一群人被驱赶下船，朝南京城走去。夏完淳抬头远看，眼中不再有泪水，有的只是对南都蒙羞、蒙耻、蒙难的无尽痛惜。沿路清军三步一岗、五步一哨，均手执火把，冷冷地打量从面前走过的这群囚徒。

终于看见南京了，城头一排灯火凄凉闪烁，恍如地狱之门行将打开。夏完淳无数次想过，他要纵马挥戈，率领大明的千万义士，攻入这座城市，可惜这一场景终归只是想象。此刻他朝这座城市走去，知道自己的生命正走向尽头。想到此处，夏完淳的头颅不觉昂起，在一片吹得火把乱摇的狂风中，他的眼中闪动着悲愤，也闪动着坚强。

公堂骂贼

1

进得观音门，早有一队清军在奉命等候。

游击将带来的囚犯全部交给这队清军后离去，囚徒们被集中赶进一座原属太监的故宅。

入宅之后，夏完淳等五十余人走过庭院，进入内堂。

内堂甚广，里面已有不少囚犯。夏完淳自然知道，那些人和自己一样，都是因陈子龙一案被捕的大明义士。他虽然不认识他们，心里却已无端端感觉一种亲近。

见又关进来一批囚犯，原本在内堂横七竖八的囚犯们慢慢站起。

双方互相打量。

内堂一瘦脸长须的囚犯忽然朝夏完淳走来，在夏完淳身前站住，开口说道："敢问这位公子，莫不是'江左少年'夏完淳？"

夏完淳手腕戴镣，仍是抱拳说道："在下正是夏完淳，请问这位大叔是……"

那囚犯说道："我乃长洲刘曙刘公旦。"

夏完淳闻言惊喜，说道："原来是公旦先生，完淳有礼了。"

旁边钱彦林、顾咸正等人听得此人是刘曙，都急步过来相见。

夏完淳虽从未见过刘曙，却早已知道，刘曙乃崇祯癸未（1643）进士，曾被命为南昌知县，却还未及到任，已是北京城破，天下大乱，待清军攻陷苏州后，刘曙不肯降清，于邓尉山避居。夏完淳还记得师父陈子龙曾说要亲去寻访他。后来闻得吴中忠臣义士二十三人响应，刘曙首位签名。夏完淳当时便闻之钦佩，却料不到相见之地，居然会是在南京囚室。

夏完淳眼望堂上诸人，知道他们便是那些事败被捕的吴中义士，不由慷慨欲泪，对众人团团抱揖。刘曙自也知道钱彦林、顾咸正等人。众人都是为反清而身陷囹圄（líng yǔ），姓名互有耳闻，此刻相见，不觉都有三分喜悦，七分悲壮。

初见如知己。夏完淳等人虽然疲累，却还是谈兴不止，说起近年各自反清之事，又连连叹息。后又谈到投降汉奸，夏完淳不觉怒发冲冠，痛骂不已。刘曙见夏完淳言辞激烈，说道："完淳公子，你可知明日上堂，会是何人来审？"

夏完淳真还没想过这一问题，摇头道："完淳不知，任谁来审，不过颈上头颅。"

刘曙跷竖起大拇指，说道："视死如归，真大丈夫本色！明日来审者，乃南京好大一官啊！"他眉头微扬，续道："此人便是清廷'招抚南方总督军务大学士'洪承畴！"

夏完淳初时一愣，随即脸上慢慢微笑，说道："居然是这个叛贼！好！好！好！英雄生死路，却似壮游时！明日待我会他一会！"

众人听夏完淳说出"英雄生死路，却似壮游

时"句时，不觉顿感慷慨，齐声鼓掌。

2

翌日巳时方过，门外"哗啦"一声，门上的铁锁被打开。一名清军将官带着六名军士进来，眉毛倒竖，厉声喝道："钱栴！夏完淳！过堂去！"

钱彦林和夏完淳站起身来，走到那将官面前，钱彦林说道："老夫就是钱栴，走吧！"

那将官见钱彦林神色不惧，在其身旁的那个少年也嘴角冷笑地说道："我就是夏完淳，走吧！"那将官看看二人，不再多言，手一挥，喝道："带走！"

钱彦林和夏完淳翁婿随着几名清军出了牢房，走不多时，便到了公堂之上。

两边衙役执杀威棒而立，见钱彦林二人进来，棒尖敲地，以激起犯人恐惧心理。

钱彦林和夏完淳对其视而不见，昂首走到堂上，见当中案桌后尚无审问官。钱、夏二人心中冷笑，知洪承畴想首先以威势唬住二人，当下并不张

钱彦林和夏完淳翁婿随着几名清军出了牢房，走不多时，便
凛然到了公堂之上。

望，在堂中相对而立。

过了片刻，从案桌屏风后慢慢转出一人，夏完淳冷冷望去，见他一身清廷官服，头戴黑沿红顶帽，拖着长辫，面容有点疲倦，慢慢走到椅中坐下。

这人便是令大明臣民恨之入骨的汉奸洪承畴。

旁边衙役厉声喝道："见了大人，还不跪下！"

夏完淳冷冷看他一眼，说道："我乃明臣，只跪大明天子！"

那衙役正欲发作，洪承畴手一摇，说道："罢了！没看见他们一个上了年纪，一个还是小孩子吗？"

衙役弯腰说声"喳"，垂手退后。

洪承畴眉头慢皱，说道："钱栴、夏完淳，本官知你们乃是翁婿，如何不安分守己，要做这大逆不道之事？"

钱彦林冷冷说道："敢问，钱某做了哪种大逆不道之事？"

洪承畴冷冷看着钱彦林，将桌上一卷文书扔下，说道："这可是你等给舟山的文书？嘿嘿，那个谢尧文被本官抓了，什么都招供了，以为本官还会不知？"

夏完淳一见，走上前弯腰拾起，说道："文书是我所写，我身为大明臣子，奉监国之命，有何不可？"

洪承畴仔细看了夏完淳一眼，说道："看你小小年纪，能懂得一些什么？今天还不是被你的监国使者出卖了？本官把话说明白了，尔等若是归顺，不仅保命，还不失封官。"

夏完淳走上一步，提高声音说道："出卖？当叛徒的人多了！我看你不也是汉人，如何做了鞑子狗官？"

洪承畴大怒，将惊堂木在桌上一拍，喝道："念你年纪还小……"

他还未说完，夏完淳厉声打断道："年纪小又如何？我大明一朝，豪杰如林，我十一二岁时便仰慕本朝最大的忠臣洪亨九先生。洪先生松山一战，为国捐躯，先帝悲痛，亲率百官，祭其英灵。亨九先生如此忠烈，每每念及，便知今生当以亨九先生为镜，舍身报国。我虽只十六，却不敢落洪先生之后。难道先烈垂范，仰慕者还需要到你这把年纪不成？"

夏完淳所说的"亨九先生"便是洪承畴。

洪承畴脸上不由一阵青一阵白。

他身边那衙役有些着慌，又大声喝道："大胆！你可知上面坐的，便是洪承畴大人？"

夏完淳闻言，更加怒不可遏，纵身上前，并起右手的食指与中指，指着那衙役厉声喝道："住嘴！你是什么东西！竟敢胡说八道！亨九先生取义成仁，已然五载，当日天子哭灵，群臣悲泣，万民哀悼，天下谁人不知？"他转向洪承畴，继续厉声喝道："你便是姓洪，也不过是洪家败类！你自己做汉奸也就罢了，居然敢冒充洪承畴大人，就不怕玷污亨九先生的在天忠魂，遭天怒雷劈吗？"

洪承畴再也坐不住，起身喝道："你！你！……"说了两个"你"字，却再也接不下去。

钱彦林哈哈大笑，说道："淳儿，痛快！痛快！"

夏完淳转身看着岳父，说道："岳父大人，想我翁婿，与悫中师父歃血为盟，便是要誓灭鞑子，复我大明。今日与岳父大人同死了，也能与懋中师父同见于地下，这岂不是大丈夫的慷慨之行吗？"

钱彦林走上来，握住夏完淳之手，说道："好女婿！我们便一同在此成仁了！"

洪承畴脸色发青，蓦然喝道："把他们给我拉下去！拉下去！"

钱彦林、夏完淳双手紧握，昂首大笑。

洪承畴站起身来，咬牙看着钱彦林和夏完淳被衙役们反剪双手押下，胸口不断起伏，陡然将桌上的惊堂木拿起，狠狠砸在地上，一甩袖，转身走到后堂去了。

英魂永厉

1

两个多月后。九月十九日清晨。

秋风凄厉，落叶狂飞。夏完淳等人早已不在抵达日的宅子关押，而是进了南京死牢。

天色方亮，便听得外面牢门打开，一队清军进来。

当先之人厉声喊道："都给老子起来！叫到名字的，一个个站出来！"

牢中所有囚犯闻言，知道这是行刑的日子来了。

秋后问斩，各朝皆然。

只见那带队之人展开手中令书，厉声叫着名字："顾咸正、钱栴、刘曙、夏完淳、董佑申、袁国楠、朱用枚、张谢石、董刚……"他一连喊了四十四个名字，然后"啪"的一声收好令书，看着左右一间间连过去的牢室。

夏完淳闻声早出，昂然挺立牢室门前，那四十多个被叫到名字的逐一出室，在各自牢门前站立。

那带队人狞笑道："今日是尔等最后一日，先吃顿太平饭，就上你们的路！带走！"

夏完淳等人谁也不说话，来到摆着酒肴的桌前坐下。

钱彦林坐定之后，望过众人一眼，忽然哈哈一笑，说道："今日与诸公共赴大义，死得其所！我先敬诸公一杯！"拿起桌上酒杯，左右一举，仰脖一饮而尽。众人也纷纷端起杯来，仰脖喝下。

刘曙将酒杯放下，看着夏完淳说道："完淳公子，这屈指八十天牢狱之期，公子每日谈笑自若，赋诗撰文，刘某由衷钦服。公子身负不世之才，可否今日为我等吟诵一番，以壮同行？"

夏完淳微微一笑，说道："完淳遵命！"然后手持酒杯，站起说道："与诸公义士相伴同行，已不虚此生。前日正作了篇文字，且用其中几个句子，求教于众位了。"

八十天牢狱，朝夕相处，众人都心折夏完淳才华，此刻听闻，一齐叫好。

夏完淳神色凛然，说道："先帝宾天于北，我且面北而诵。"

此言一出，众人都不觉起身，同时朝北。

只听夏完淳缓声吟道："家仇未报，臣功未成，赍（jī）志重泉，流恨千古。今生已矣，来世为期。万岁千秋，不销义魄；九天八表，永厉英魂！"

高声吟罢，夏完淳跪下身来，将手中酒从左至右，尽洒地上。

众人被夏完淳吟得慷慨激昂，竟同时接口吟道："九天八表，永厉英魂！"每人都将手中酒倾在地上。

2

南京西市刑场上，秋风肃杀，落叶纷飞，显得凄凉无比。

无论怎样残酷，刑场周围总是聚集了无数观看的人。身穿白色囚服，背后插着斩标的夏完淳与刘曙走在最前。当他们出来之时，四周人群不免一阵骚动。对很多人来说，无法想象最先看见的竟是一位十来岁的少年。尽管他们不知道夏完淳的具体年龄，但夏完淳实在是太年轻了，尤其八十天未见阳光，脸色苍白之极，瘦弱的身躯给人一种弱不禁风之感。

人群中有一少年僧人见到夏完淳，伸手捂住了嘴唇，以免自己哭出声来。那人便是到南京已有月余的杜登春，在他身边，还有一个叫沈羽霄的十余岁少年，是杜登春同伴。

钱彦林跟在夏完淳身后，看着前面的女婿，陡然一阵绞痛，走到夏完淳身边，悲声说道："完淳，你如此年轻啊，如何老天就要你去了？"

夏完淳转过身来，脸上微笑说道："宁为袁粲死，不做褚渊生。岳父大人如何待完淳这般轻贱了？"钱彦林眼中含泪，摇摇头说道："让岳父先行请死吧！"夏完淳仍是微笑，说道："完淳已列为首位斩首，岳父大人不要相争了。"

说罢，夏完淳径直走到刽子手身前站住，冷冷看着对方，说道："快快动手！"

那刽子手被夏完淳无畏的神情震得浑身一颤，不觉眼望行刑官巴山。

巴山从桌上签筒内抽出一签，横眼扫过刑场的周围人群，厉声吼道："今日这些重犯，乃犯有'通海寇为外援，结洲湖为内应，秘具条陈奏疏，列荐文武官衔'等不赦之罪。时辰已到，斩！"说罢，将手中斩签往地下一扔。

刽子手走上一步，伸手将夏完淳背上的斩标摘下，喝道："跪下！"

夏完淳一动不动，双目冷冷凝视住对方。那刽子手被夏完淳的眼神射得一抖，连拿刀的手也险些松开。他赶紧双手握紧刀柄。这个以砍头杀人为职业的壮汉只觉此刻浑身发抖，实为从未有过的感觉。他微微掉头，竟不敢与夏完淳眼光相接。

杜登春在越来越骚动的人群中闭上了双眼，在他耳边，陡听得身边人群一阵惊呼。他知道，刽子手的刀终于砍在夏完淳的脖颈之上。他眼睛始终未睁，泪水却奔涌而出。

夏完淳一动不动，双目冷冷凝视住对方。那刽子手被夏完淳的眼
神射得一抖，连拿刀的手也险些松开。

3

两日之后，一辆马车在从南京往松江的山道上奔跑。

两边的树影掠过，山影掠过，恍如幻象。唯一真实的，是迎面而来，又四处纷飞的枯黄落叶。杜登春和沈羽霄在马车上不断吆喝着。

马车内，是一具棺椁，里面是杜登春从刑场上冒死得来的夏完淳尸身。

杜登春一边赶马，一边时不时拭泪。

沈羽霄在旁边说道："登春，我们把完淳的尸身如何处置？"

杜登春似是没听见一样，过了半晌才回答说："我们让完淳回到松江。"

"回到松江？葬在哪呢？"

"和夏伯伯葬在一起。"

"登春，你……你不怕鞑子知道后抓你吗？"

杜登春陡然将缰绳拉住，"吁"的一声将马停住，转头看着沈羽霄，一字一顿地说道："你要是怕，就在这里下去吧。"

沈羽霄闻言，不由垂首，猛然间抬头说道：
"登春，你不怕，我也不怕。"

　　杜登春看着前面坎坷无尽的长路，重新挥鞭，
嘴里喃喃着"完淳、完淳……"二字。

　　马车在猛烈的鞭打下再次疾行。

　　在他们跑过的路上，又一阵狂风吹过，又一阵
落叶凄厉地飞扬！

夏完淳

●◎明思宗崇祯四年（1631）

夏完淳出生。父夏允彝，嫡母盛氏，生母陆氏。

●◎崇祯十一年（1638）

夏允彝就任长乐知县，携夏完淳同往。

●◎崇祯十七年（1644）

李自成攻破北京，崇祯自尽。福王登基。